本科层次职业院校内部质量保证体系构建研究

李梅松 刘 欣 著

图书在版编目（CIP）数据

本科层次职业院校内部质量保证体系构建研究 / 李梅松, 刘欣著. -- 长春 : 吉林出版集团股份有限公司, 2023.4

ISBN 978-7-5731-3298-7

Ⅰ.①本… Ⅱ.①李… ②刘… Ⅲ.①高等学校—教育质量—保障体系—研究—中国 Ⅳ.①G649.21

中国版本图书馆CIP数据核字(2023)第141773号

本科层次职业院校内部质量保证体系构建研究
BENKE CENGCI ZHIYE YUANXIAO NEIBU ZHILIANG BAOZHENG TIXI GOUJIAN YANJIU

著　　者	李梅松　刘　欣
出 版 人	吴　强
责任编辑	张西琳
装帧设计	李宁宁
开　　本	710 mm × 1000 mm　1/16
印　　张	7
字　　数	128千字
版　　次	2023年4月第1版
印　　次	2024年1月第1次印刷
出　　版	吉林出版集团股份有限公司
发　　行	吉林音像出版社有限责任公司
	（吉林省长春市南关区福祉大路5788号）
电　　话	0431-81629667
印　　刷	长春市华远印务有限公司

ISBN 978-7-5731-3298-7　　定　价　78.00元

如发现印装质量问题，影响阅读，请与出版社联系调换。

前　言

2021年11月，教育部印发了《本科层次职业学校本科教学工作合格评估指标和基本要求（试行）》，包括党的领导与办学定位，专业、课程与教学建设，师资队伍，教学条件与利用，质量管理，学风建设与学生指导，职业培训与技术技能累积，教学质量等八个一级指标。其中，质量管理一条承接《教育部办公厅关于建立职业院校教学工作诊断与改进制度的通知》（教职成厅〔2015〕2号）精神，要求本科层次职业技术大学"教学管理队伍结构较为合理，人员基本稳定，服务意识较强，注重教学管理队伍建设与培训，积极开展教学管理研究，有一定数量的研究或实践成果""教学管理制度规范完备，贯穿人才培养全过程，各主要教学环节有明确的质量标准，执行较好，教学运行平稳有序""完善行业、企业和学校共同参与的质量评价机制；开展教学诊断与改进工作，持续提升教学质量；利用信息化手段对教学质量进行常态监控；建立质量年度报告制度，每年向社会发布"。总体来看，《本科层次职业学校本科教学工作合格评估指标和基本要求（试行）》把学校质量保证机制和能力作为一级指标，强化教育教学需要持续改进理念，内部质量保证体系建设是升本达本工作中的重要内容。

事实上，在2015年开始的职业院校内部质量保证体系诊断与改进工作中，各职业院校质量保障体系已初步建立并在不同程度上发挥了作用。然而，很多院校，尤其是升本后的职业院校，内部质量保障体系仍需进一步改进完善，具体来看，存在如下问题。第一，组织建设不够合理。组织不够完善，如二级教学单位没有质量保证组织，无法保证诊改落实到学生、课程层面，甚至有的学校尚未建立专门的质量保证部门。有的高职院校虽然成立了专门的质量保证部门，但没有对原有的组织机构进行合理的整合，权责不明。第二，质量诊改思维尚未形成。职业院校对诊改与评估之间的区别尚未真正理解，用评估的思维看待诊改，尚未深入探究目标、标准、程序、资源、成果、文化中存在的深层次问题，以及这几个要素之间的关系，导致内部质量保证体系建设形式主义严重，未能真正解决质量问题。第三，质量引擎驱动力不足。学校发展目标的来源主要是外部力量的推动，与内部质量保证体系相适应的激励机制不健全，联动诊改、系统治理的观念尚未形成。第四，质量文化尚未形成，教职工对学校制定的质量保证政策热情不高。第五，数据治理水平有待提升。"信息孤岛"现象依然存在，数据分析应用与评价反馈闭环还未形成，质量反馈不够科学。

本研究从上述问题出发，结合国内外高校内部质量保障体系研究与建设的最新进展，探讨了质量的内涵，从质量诊断与改进的角度，对本科层次职业大学内部质量保证体系框架、标准以及数据采集等内部质量保证体系建设中的关键组件，进行了进一步的完善。

第一，本研究从哲学的角度对质量的内涵进行了分析。研究认为质量可以是相对的也可以是绝对的。绝对主义的质量概念本质上是精英主义的，相对主义的质量概念是平等主义的。相对概念的质量更加适合高等教育大众化、学习终身化的时代。在相对主义的质量概念下，本科层次职业大学以及其他各类教学机构都能提供高质量教育。另外，质量又可以分为程序型和创新型两类，在本科层次职业大学建设中，这两种类型的质量都起着重要作用，关键是要理解实现质量有不同的方法。本科层次职业大学追求质量提高，不仅需要完善的系统和程序，还需要一种以客户为导向的变革文化。质量概念的探究为本科层次职业大学内部质量保证体系建设提供了哲学基础。

第二，本研究对比分析了全面质量管理模型、EFQM（欧洲质量管理基金会）卓越模型、ISO9000质量管理体系、成熟度模型、平衡计分卡绩效模型。在职业院校内部质量保证体系诊断与改进工作中推广应用的"五纵五横一平台"质量保证模型的基础上，吸收成熟度模型和平衡计分卡绩效模型的理念，按照教育部《本科层次职业学校本科教学工作合格评估指标和基本要求（试行）》对本科层次职业教育的最新要求，创新性地构建了本科层次职业技术大学内部质量保证体系框架。

第三，本研究比较了HLC（美国高等教育委员会）学校认证与ASIIN（德国工程信息学、自然科学和数学研究项目认证机构）系统认证指标体系，ABET（工程技术认证委员会）工程（技术）认证标准与ASIIN学位课程认证标准，探讨了美国、德国等国家如何在本国工程教育范式下，制定学校及专业、课程认证标准。并基于我国工程教育文化传统，和教育部对本科层次职业技术大学的办学要求，编制了本科层次职业技术大学内部质量保证标准体系。标准体系以问题方式呈现，力求培养职业院校领导、中层管理干部和教师的诊改能力，在保证本科层次职业大学基准办学要求的前提下，不断提升质量。

第四，数据作为一种新型驱动力，是本科层次职业技术大学内部质量保证体系建设的重要工具。本研究客观分析了数据在职业院校内部质量保证体系中的优势与存在的问题。立足于支撑本科层次职业大学内部质量保证体系建设，构建了诊断与改进的数据保证指标体系，系统梳理了数据的采集方式和分析方法，为本科职业院校建设常态化的内部质量保证体系提供了有效的数据解决方案。

  本研究在继承高职"五纵五横一平台"内部质量保证体系成功经验的基础上，对本科层次职业院校内部质量保证体系进行系统性升级完善，其中提出的新理念和方法是一种探索性创新，存在缺陷或错误在所难免，衷心希望职教专家和工作者提出批评和建议，以便于我们在下一步研究及工作中改正。

李梅松 刘 欣

二〇二二年五月二十一日

II

目　录

第一章　中国高等教育质量保证发展概况 ·················· 1

　第一节　中国高等教育质量评估的出现 ·················· 2
　第二节　中国的教育质量评估方案 ······················ 3
　第三节　内部质量保证体系建设中的基本概念辨析 ········ 6

第二章　职业院校内部质量保证体系建设现状
　　　　——基于诊断与改进的视角 ·················· 10

　第一节　诊断与改进的政策要点分析 ···················· 10
　第二节　诊断与改进工作的理论基础 ···················· 12
　第三节　诊断与改进工作的现状 ························ 14
　　　　　——以首批 26 所"双高"院校为例 ············· 14
　第四节　对完善职业院校内部质量保证体系的思考 ········ 18

第三章　本科层次职业院校内部质量保证体系框架建设 ······ 22

　第一节　全面质量管理模型 ···························· 22
　第二节　EFQM 卓越模型 ······························· 27
　第三节　ISO9000 质量管理体系 ························ 37
　第四节　成熟度模型 ·································· 38
　第五节　平衡计分卡绩效模型 ·························· 45
　第六节　质量模型的比较研究 ·························· 48
　第七节　本科层次职业院校内部质量保证体系框架 ········ 52

第四章　本科层次职业院校内部质量保证体系标准建设 ······ 56

　第一节　《本科层次职业教育专业设置管理办法（试行）》相关要求 ··· 56

第二节 《本科层次职业学校设置标准（试行）》相关要求 …………… 58

第三节 《职业教育专业目录（2021年）》相关要求 ………………… 58

第四节 《本科层次职业学校本科教学工作合格评估指标和基本要求（试行）》要求 …………………………………………………… 59

第五节 本科层次职业技术大学内部质量保证体系标准 …………… 61

第五章　数据在本科层次职业院校内部质量保证中的应用 …… 93

第一节 数据的应用 ………………………………………………… 93

第二节 内部质量保证的数据指标体系 …………………………… 94

第三节 数据采集的方式 …………………………………………… 96

参考文献 ……………………………………………………………… 99

后　记 ………………………………………………………………… 101

第一章　中国高等教育质量保证发展概况

随着高等教育在世界范围内的广泛普及、学生人口的多样化和单位支出的减少,质量保证已成为许多国家高等教育的中心问题,而教育市场的全球化和大学排名为在国内外制定质量框架增添了动力。20世纪90年代末以来,中国高等教育经历了招生规模的急剧扩大,成为世界上最大的高等教育体系。2013年,有2 442所大学和学院,总招生人数为2 470万人,相比1999年的720万人大为增加。随着高等教育体系的快速发展,质量保证在过去十年中已成为中国的一个中心焦点。在这一背景下,中国为建立有效的高等教育质量保证体系做出了许多努力。

2016年,教育部高等教育教学评估中心主任在由教育部高等教育教学评估中心与联合国教科文组织国际教育规划研究所主办、厦门大学承办的"高等教育质量与就业:内部质量保障的贡献"国际研讨会上,作了题为"中国顶层设计的内外部质量保障制度体系"的主旨报告,着重介绍了中国高等教育发展概况、高等教育质量保障国家制度体系,阐述了中国高等教育质量保障工作的新理念、新标准、新方法、新技术和新文化,并指出,《国家中长期教育改革和发展规划纲要(2010—2020年)》颁布以来,中国政府聚焦"提高质量"和"内涵发展",采取了一系列政策措施,设计并构建了中国特色、世界水平的"一平台、二支柱、三保证"高等教育质量保障制度。"一平台"是指建立国家质量监测数据平台;"二支柱"是指全面开展院校评估与高标准的专业认证;"三保证"是指发挥高校质量保障的内驱力、外部质量保障的外推力,吸收借鉴国际先进理念经验参与国际高等教育质量保障工作、提高国际话语权和影响力。该制度充分发挥了高校质量保障的内驱力和外部质量保障的外推力,提升了我国在国际高等教育质量保障活动中的话语权和影响力。[1]

---

[1] 秦琴.高等教育内部质量保障的焦点问题及新趋势——2016年"高等教育质量与就业:内部质量保障的贡献"国际研讨会综述[J].中国高教研究,2016(9):29-34.

第一节　中国高等教育质量评估的出现

与许多其他国家一样，中国高等教育质量评估的产生有五个主要的背景因素：高等教育体系扩张与单位成本减少之间的冲突所导致的"质量差距"[①]；国际交流与合作；国家与高等教育之间不断变化的关系；信息披露和社会责任的要求；大学排名的压力。

首先，入学人数的增加、单元教育资源的减少以及教师评估体系的改革都促成了巴内特所说的质量差距的出现。随着1999年开始扩大高等教育招生规模的政策的出现，1998年至2004年，中国的本科招生总数翻了三倍。尽管高等教育资金大幅增加，但增长速度低于录取率。因此，每名学生的单位成本和师生比例都在稳步下降[②]。此外，采用"非升即走"的国际惯例，并将每年发表的论文数量作为评估学术工作的主要指标，也令教员的注意力从本科教学分散到研究上[③]。所有这些因素都导致了质量差距的扩大。因此，质量评估作为弥合差距或至少缩小差距的一种方式出现。

中国高等教育体系的国际化也要求进行质量评估。进入21世纪，学生和学者的国际流动是历史上前所未有的，与外国机构的合作项目和其他形式的交流也蓬勃发展。国际交流与合作需要提高教育质量的透明度和可比性。质量评估体系被视为促进透明度和可比性的方法[④]。与此同时，正如高等教育评估中心的主任所指出的，全球化背景下的借贷政策也促进了中国质量评估体系的出现[⑤]。

政府和高等教育机构之间不断变化的关系也是导致质量评估计划形成的一个因素。20世纪80年代以来，中国政府已将高等教育的决策权移交给地方政府和院校。高等教育机构比以前享有更多的自主权[⑥]。国家已经将其角色从教育控制者转变为教育体系的设计师和质量保证者。因此，质量评估应运而生，高校用评估

[①] BARNETT R. Improving higher education: Total quality care[M]. Buckingham: SRHE and Open University Press.
[②] 《中国教育年鉴》编辑部. 中国教育年鉴[M]. 北京：人民教育出版社，(1998—2005).
[③] 张家浚. 谈高校教师评估中科研与教学的平衡[J]. 高等建筑教育，2002(4)：77-78.
[④] TURNBULL W, BURTON D, MULLINS P. 'Strategic repositioning of institutional frameworks': Balancing competing demands within the modular UK higher education environment[J]. Quality Cotroland Appliedstatics 2009, s4(2)：129-130.
[⑤] 教育部高等教育教学评估中心. 本科教育教学质量评估问答手册[M]. 北京：高等教育教学评估中心，2007
[⑥] 胡建华. 50年代与90年代大学体制改革之比较[J]. 江苏高教，2000（4）：17-21.

换取自主权，国家负责监控高等教育机构[①]。

高等教育的多元化利益相关者对信息透明度和问责制的要求是促使中国出现质量评估的另一个因素。20世纪90年代中期以来，中国实施了收取学费和改变毕业生就业模式的成本分担政策（从政府严格控制的就业分配制度到学生在劳动力市场自主就业）。在这种背景下，未来的学生和雇主都需要更多关于高等学校教育质量的信息。质量评估被视为提供信息的一种方式。此外，自高校扩招，大众媒体关于高等教育质量下降和学历"含金量"降低的负面报道不可避免地使人们对高等教育质量的信任度下降。因此，质量评估体系可以被视为重建公众信任的有效途径[②]。

建立具有官方性质的质量评估计划的另一个动力来自大众媒体广泛传播的大学排名。"不科学"的评估标准和大学排名的使用方法受到了高等教育机构和研究人员的批评[③]。因此，2003年以来，中国教育部每年都在大众媒体上公布本科教育质量评估结果。

第二节 中国的教育质量评估方案

1985年《关于教育体制改革的决定》颁布以来，外部质量评估体系成为中国高等教育的一个独特领域。该政策文件要求教育行政机构定期评估高等教育机构的质量[④]。因此，国家教育委员会（现为教育部）于1985年启动了高等工程教育质量评估试点，到1990年底，已在87所大学实施。在这项为期五年的实验的基础上，1990年国家教委颁布了《普通高等学校教育评估暂行规定》。它规定了质量评估的目标和职能、评估机构、程序和方法。从那时起，中国高等教育质量评估已经制度化。另一个里程碑式的政策文件《中国教育改革和发展纲要》，1993年重申"建立各类教育质量评估的绩效指标，将质量评估纳入教育行政管理和监督机构的日常工作"。特别是《中华人民共和国高等教育法》第四十四条规定，"高等学校的办学水平、教育质量，接受教育行政部门的监督和由其组织的评估。"这使中国的高等教育质量评估合法化。2010年发布的《国家中长期教育改革和发展规划纲要》进一步强调鼓励专业机构和中介机构对大学学科、专业和课程质量进行评估。在政府政策的鼓励下，近十年来，准政府评估机构和非政

---

① NEAVE, G., & Van Vught, F. A. Government and higher education relationships across three continents[M].Oxford: Pergamon Press,1994.

④ TROW M. Trust, markets and accountability in higher education: A comparative perspective[J]. Higher Education Policy，1996, 9(4)：309–324.

⑤ 曹爱华. 关于高等教育评估问题之思考[J]. 宁波大学学报（教育科学版），2003(5)：10-13.

⑥ 中共中央文献研究室. 十二大以来重要文献选编（中）[M].北京：人民出版社，1986.

府机构以及提供非正式评估（排名）的社交媒体相继成立。

在质量评估制度化的过程中，中国按照本科教育、研究生教育、短周期文凭教育和私立高等教育的顺序，在三个层次上制定了国家高等教育评估方案。1994年本科水平评估在中国首次进行。一开始，中国实施了三种形式的质量评估，即合格评估、优秀评估和随机性水平评估。分别关注不同地位的高等教育机构：新建机构进行合格评估；教学质量高、本科教育传统相对悠久的大学进行优秀评估；位于这两类机构之间的机构进行随机性水平评估。从1994年到2001年，221所高等教育机构在这三个项目下进行了评估：179项合格评估、26项优秀评估和16项随机性水平评估。2002年，教育部将三个质量评估方案结合在一起，并启动了一个新项目，即教学工作水平评估。根据该项目，所有提供本科教育的高等教育机构都应在五年内进行滚动强制评估。评估是在学校层面进行的。教育部成立了高等教育教学评估中心进行质量评估。第一轮审查于2008年年中完成，对589所高等教育机构进行了评估。第二轮审查从2010年底开始，主要针对那些新设立的本科项目之前未经评估的高等教育院校。截至2013年底，已对121家机构进行了评估。

除了负责本科项目评估的高等教育评估委员会，还成立了另一个专注于研究生教育的政府质量评估机构，即中国学位与研究生教育发展中心。主要从事研究生学位授予单位的认定，国家重点学科的认定，优秀硕士、博士学位论文的评审和遴选。此外，中国学位与研究生教育发展中心于2002年启动了一项学科评估计划（大学自愿参与），该项目审查研究生教育项目的学科质量，并以排行表的形式公布评估结果。目前已经进行了四轮评估，从第一轮（2002—2004）229所大学的1 366个学科，到最近一轮的513个单位的7 449个学科参评（2016—2017），评估的学科数量不断增加。

职业教育和私立机构的评估由省级评估委员会进行。2008年，教育部启动了高职院校教学评估项目，明确了评估程序和指标。相关文件规定各省应遵循该项目，设计详细的评估方案，并进行现场评估。教育部保留检查地方政府评估过程的权利。例如，按照教育部的要求，湖北省于2009年发布了《湖北省高等职业院校人才培养工作评估实施细则》，并开始进行评估。2011年至2013年，全省共评估了50所高职院校。

20世纪90年代以来，非政府机构也在中国从事高等教育质量评估，如上海教育评估局和江苏省教育评估局。江苏省教育厅委托江苏省教育评估局对江苏省高等职业教育机构进行质量评估，并对研究生学位论文进行抽查。上海市教育评估局受上海市教委委托，提名上海市教学成果奖。由于政府评估机构参与了几乎所有类型的高等教育评估，因此这些非政府认证机构很少有机会单独工作或参与任何官方评估计划[①]。

  与正式的质量评估计划平行，大学排名也对中国高校的评估产生了相当大的影响。尽管大学和学术界对这些排名所使用的方法提出了激烈的批评，但有压倒性的证据表明，排名会影响大学的行为，因为它们试图最大限度地提高自己的声誉，吸引优秀学生。例如，排名指标往往成为高校更愿意投资的领域[②]。

  在外部质量评估计划的压力下，中国的高等教育机构也做出了巨大的努力来制订自己的内部质量保证计划。2015年12月30日教育部发布《高等职业院校内部质量保证体系诊断与改进指导方案（试行）》，给出了高等职业院校内部质量保证体系诊断与改进工作的指导思想和指导方针。

  中国大学的主要内部质量保证体系工作如下所示：

- 建立院校教学评估中心。这些中心隶属学院或与学院的教学管理办公室合作。那些没有独立设置教学评估中心的大学设有相关科室，在教学管理办公室的监督下发挥着类似的作用。这些中心的主要职责是在其机构内开发和运行质量保证机制。
- 组建教学督导小组。这也是中国高等教育机构的普遍做法。小组成员为高级教职员工或具有教学专业知识的退休高级教职员工。教学督导小组通常由负责教学事务的副校长监督。通过观察课堂和课后与老师、学生交谈，或直接与老师和学生一起开展工作。他们的职责是发现教学中存在的问题并提出改进建议。
- 同行评审。同行观察、评审课堂教学也是中国大多数高等教育机构的常见做法。教师需要相互观察课堂教学，这被认为是教师相互学习和监督教学的有效方式。除了教师之间教学观察，院系级别的领导也需要观察教师的教学。
- 学生反馈。这被认为是最重要的质量保证组成部分之一。它通过调查、个人和小组访谈、学生代表报告等方式获得。学生调查是最常用的学生反馈收集形式，涵盖课程评估、教学评估和其他感兴趣的领域。
- 自我诊断与改进。以诊断与改进为手段，促使高职院校在学校、专业、课程、教师、学生不同层面建立起完整且相对独立的自我质量保证机制，强化学校各层级管理系统间的质量依存关系，形成全要素网络化的内部质量保证体系。同时强化人才培养工作状态数据在诊改工作中的基础作用，促进高职院校进一步加强人才培养工作状态数据管理系统的建设与应用，完善预警功能，提升学校教学

---

① 邓后勤. 优化财政支出结构问题研究 [D]. 北京：中国人民大学，2004.
② 王英杰，刘宝存. 中国教育改革30年：高等教育卷 [M]. 北京：北京师范大学出版社，2009.

运行管理信息化水平，为教育行政部门作出决策提供参考。

综上所述，四分之一个世纪以来，中国高等教育的发展催生了一系列由政府、第三方评估机构和市场运作的高等教育问责机制。其中，国家是主导者，质量评估是主导形式。与此同时，高校内部也建立了各种内部质量保证机制。

第三节　内部质量保证体系建设中的基本概念辨析

一、质量的含义

虽然本科职业院校在专科阶段已经建立了基于"五纵五横一平台"的内部质量保证体系，但是升本后，面对新问题和新要求，原有的内部质量保证体系需要全面升级。在此过程中重新梳理质量含义，再次明确内部质量保证体系的哲学基础具有重要意义。因为对质量的理解，直接关系到本科层次职业院校内部质量保证体系框架、标准建设，以及保证方法的选择。

（一）质量是相对的还是绝对的

从哲学的角度看，质量可以是绝对的也可以是相对的。作为一种绝对品质，它在本质上与善、美和真理相似，是一个不能妥协的理想。在绝对意义上质量是一个与阶级有关的概念，是高品质或顶级品质的同义词。作为一个绝对的标准，展示质量的东西的品质是最高的，是无法超越的。在教育领域，这种质量概念本质上是精英主义的。根据定义，只有少数院校能够为学生提供如此高质量的教育体验。这样的教育大多数学习者负担不起，大多数机构也无法提供。

技术意义上的质量在很大程度上是一个相对的概念。相对的质量概念是平等主义的。任何产品或服务都可以贴上质量标签，这是因为它符合为其设定的标准。从这个意义上讲，质量是根据标准来衡量的。它本身不是目的，而是判断最终产品是否达到（或未达到）标准的手段。在这个相对的或指定的定义中，高质量的产品或服务不需要昂贵的价格，不具有排他性，任何产品或服务都可以追求质量。但是它必须做自己声称的事情，做客户期望的事情。换句话说，它必须符合相关标准协会如 ISO9000 族对质量的定义。在这种相对意义上，质量是指达到预定的标准，并一次又一次地达到这些标准。

本研究认为，质量是相对的，本科层次职业院校及其他各类教育机构也可以提供高质量的教育。

（二）质量是程序型的还是变革型的

在工业环境中，质量是通过以一致的方式满足预定义规范的产品或服务来实现的。质量是指生产商拥有一个称为质量保证体系的系统，该系统支持按照特定标准或规范持续生产商品或服务。在这个定义中，只要产品始终符合制造商对其的要求，它就具有质量。这种质量观实际上是国际标准ISO9000设计的质量保证体系的基础，其程序概念相当强调按照既定的系统和程序工作。这被认为是最有可能产生标准化或高质量结果的方法。

在这种质量观下，质量是通过系统和程序高效运行来实现的。这种质量观通常采用质量的审计跟踪方法。程序的概念是证明事情是按照预定的规格发生的，它确保活动符合要求。证明、批准和报告是描述质量的关键工具性方法。这是一种问责或审计方法，旨在确保一致性和合规性。它主要基于衡量绩效的硬指标。在教育方面，硬质量指标包括各级各类绩效指标、排行榜等。

变革型质量与程序型质量不同，它与制度和程序关系不大，与持续改进和组织变革关系更大。这一概念将质量视为一个复杂的过程，涉及范围更广。变革型质量关注的是质量中更软、更无形的方面。这些较软的概念包括关怀、客户服务和社会责任，并且往往触及客户满意度和愉悦这一困难和无形问题的核心。

变革型质量不是通过坚持制度和程序实现的，而是通过发挥领导作用实现的。正是领导力确立了一种愿景，将其转化为客户服务，并建立了使员工能够提供优质服务的结构和组织文化。

程序型概念是关于证明的，而变革型方法是关于改进的，以卓越为目标。它是关于做正确的事情，而不仅仅是正确地做事情。这是一种组织思维状态，认为持续改进是质量过程的核心。变革型质量将客户的期望与员工的授权融为一体。它对质量有更广泛、更折中的看法。它把客户放在第一位，并试图扩大他们的视野。

区分质量是程序型还是变革型是重要的，这两个概念在理解质量方面都起着关键作用。区别的关键是要认识到，实现质量有不同的方法。追求质量不仅需要完善的系统和程序，还需要一种以客户为导向的变革文化，在这种文化中，个人被赋予保证其所在领域工作质量的责任，并能做出充分贡献。

二、教育中的质量

（一）教育产品

教育的产品是学生还是服务？这也关系到院校内部质量保证体系的建设。

国家本位教育传统上把学习者当作产品，但教育部印发《本科层次职业学校本科教学工作合格评估指标和基本要求（试行）》（2021年）中明确规定职业教育要"关注学生不同特点和个性差异，注重因材施教、多元发展"，这说明我国职业教育产品是为学生提供服务。但是教育服务的客户和利益相关者是一个非常多样化的群体，需要识别。如果质量是为了满足和超越客户的需求和期望，那么明确应该满足谁的需求和期望是很重要的。本科层次职业学校服务对象包括学生、家长和未来雇主、政府、中小微企业等。顾客的多样性使得本科层次职业院校应该更加重视顾客的需求，并开发相应的质量管理机制。本研究将本科层次职业大学的客户分为以下几项：

• 本科层次职业院校的学生是直接接受服务的主要客户；

• 父母、未来雇主等，都与本科层次职业学校教育有直接关系，是接受服务的二级客户；

• 本科层次职业院校的上级主管部门、所在社区、提供技术服务的中小微企业等，是接受服务的三级客户；

• 本科层次职业院校员工对教育的成功具有关键的利害关系，是职业院校的内部客户。

（二）服务质量

与实物产品相比，服务质量特征更难定义。这是因为服务包含许多重要的主观因素。服务和产品的质量差和质量不合格的原因在本质上是不同的。产品经常因原材料和部件的缺陷而失效。它们的设计可能有缺陷，也可能没有按照规范制造。服务质量差通常直接归因于组织的行为或态度。它们往往是由于缺乏领导、关心或礼貌造成的。冷漠、缺乏培训是服务中断的主要原因。

服务在许多重要方面与生产不同，提供服务和制造商品之间有很大的区别。两者之间有七个明显问题。第一个问题是，服务通常涉及供应商和最终用户之间的直接联系。服务直接由人与人之间提供。客户和提供服务的人之间有着密切的关系。服务不能与提供服务的人或接受服务的人分开。每一次互动都是不同的，客户在一定程度上决定了互动的质量。服务质量由提供服务的人和接受服务的人共同决定。与产品不同，提供的服务不可能有绝对的一致性或同质性。服务的一致性只能在界限之内。

时间是服务质量的第二个重要问题。服务必须按时交付，这与它们的物理规格一样重要。此外，由于服务在交付时就被消耗掉，因此通过检查来控制其质量总是为时已晚。服务中密切的个人互动提供了多种反馈和评估的机会，也是判断客户是否满意的主要手段，但不是唯一手段。

第三个问题是，与产品不同，服务不能被维修或修补。因此重要的是，每次的服务都应该是优质的。不过，众所周知，人为因素导致错误和失败的可能性很高，这使得要第一时间达到优质标准即使不是不可能，也是很困难的。然而这应该始终是目标。

第四个问题是服务面临无形性。通常很难向潜在客户准确描述所提供的服务，客户有时也很难描述他们希望从服务中得到什么。服务主要是过程而不是产品。通常，如何得出结果比结果是什么更重要。

第五个问题是，服务通常由初级员工直接向客户提供。高级员工通常远离客户。大多数客户从未接触过高级经理。最初互动的质量决定了客户对整个组织的看法，因此组织必须找到激励一线员工始终发挥其最佳表现的方法。这就是为什么培训和员工发展至关重要。虽然高级管理人员不在服务组织的前线服务，但他们必须在前线领导，并向员工传达他们对服务的愿景和他们为之设定的标准。

第六个问题是，各种客户群体的需求和观点，无论是内部的还是外部的，并不总是一致的，尤其是在大型和复杂的机构中。潜在的和实际的客户利益冲突总是存在的。解决不同利益冲突的最佳方法之一是承认它们的存在，并寻找团结各方的核心问题。需要听取所有利益相关者的意见，并公平对待。质量和公正是相辅相成的，因此一定要重视客户投诉，在这些事件中，可以判断机构对客户至上原则的承诺程度。

第七个问题是，很难衡量服务业的成功产出和生产率。唯一有意义的绩效指标是客户满意度。无形资产或软指标对于客户来说，往往与硬指标和客观指标一样重要。关心、礼貌、友好和乐于助人等软指标往往是顾客心目中最重要的。无形性使得糟糕的服务很难扭转，因为有时不可能让不满意的客户相信服务已经变得更好。消费者通过比较他们对收到的东西的感知和对它的期望来判断质量。这在很大程度上也适用于教育。

第二章　职业院校内部质量保证体系建设现状
——基于诊断与改进的视角

围绕质量这个永恒的主题，2015年，国家层面相继出台了《教育部办公厅关于建立职业院校教学工作诊断与改进制度的通知》《关于印发〈高等职业院校内部质量保证体系诊断与改进指导方案（试行）〉启动相关工作的通知》《关于确定职业院校教学诊断与改进工作试点省份及试点院校的通知》等制度文件，全面开启职业院校履行人才培养工作质量保证主体责任的质量管理新时代。地方层面在全国职业院校教学工作诊断与改进专家委员会的指导下，相继成立各省内部质量保证体系诊改专委会，以试点省、试点院校内部质量保证体系的"诊改"工作为抓手，切实推进职业院校内部质量保证体系建设由"他治"向"自治"的目标迈进。院校层面按照"目标导向、自主诊改"的原则，深入开展院校内部质量保证体系建设的创新行动。围绕自主保证质量常态化诊改机制建设，职业院校掀起了一场质量行动的建设热潮。

第一节　诊断与改进的政策要点分析

一、教学诊改是关于"管""办"角色的制度安排

2015年5月4日，教育部就进一步健全教育管理制度、现代学校制度和教育评价制度，加快推进完善教育治理体系和治理能力现代化专门发文，深入推进教育管办评分离改革，在政府、学校、社会之间构建良性互动机制，促进职能转变。建立教学诊改制度是贯彻《国务院关于加快发展现代职业教育的决定》、落实有关文件精神的制度设计，在政府层面精准定位"管""办"的角色，厘清"管""办"各自责任范围，明确高职院校是办学质量保证的责任主体，教育行政部门是事中事后监管、履行管理职责的主体。

二、教学诊改实质上是一个工作过程

教学诊改文件专门解释职业院校教学诊断与改进是指职业院校根据自身办学理念、办学定位、人才培养目标，聚焦人才培养工作要素，查找不足与完善提高的工作过程，并对主要工作要素进行列举：专业设置与条件、教师队伍与建设、课程体系与改革、课堂教学与实践、学校管理与制度、校企合作与创新、质量监控与成效等。这些要素有的成为诊断项目参考表中的诊断项目，有的成为诊断要素或诊断点。

三、十六字方针是教学诊改精髓

教学诊改文件强调要坚持以"需求导向、自我保证、多元诊断、重在改进"为工作方针。"需求导向"说明了教学诊改应坚持的办学方向，即服务社会需求、适应社会发展；"自我保证"明确了学校作为实际办学的质量主体责任，也是诊改主体；"多元诊断"从参与者的角度界定了诊断是由高职院校、研究机构、行业企业、相关社会组织等多元参与的诊改体系，是建立现代学校制度的重要内容；"重在改进"是希望通过建立一套工作机制，能够保证做到持续诊改，以达到质量不断提升的目的，也就是教学诊改的目的。

四、教学诊改应实行分类指导推进的工作策略

依据教学诊改文件精神，基本上可以将职业院校分为三类：第一类是保"三基"，就是对于新建或处于发展初期、基础薄弱的高职院校开展以"保证学校的基本办学方向、基本办学条件、基本管理规范"为重点的诊断与改进工作；第二类是履行主体责任，主要指处于内涵提升期的高职院校开展以"保证院校履行办学主体责任，建立和完善学校内部质量保证制度体系"为重点的诊断与改进工作；第三类是提高发展能力，指已经通过省示范、国示范或国骨干验收的处于全国或全省第一方阵的高职院校开展以"集聚优势、凝练方向，提高发展能力"为重点的诊断与改进工作[1]。

---

[1] 荣莉. 高职院校内部质量保证体系诊断与改进政策评析 [J]. 职业技术教育，2016，37(3)：14-20.

第二节 诊断与改进工作的理论基础

职业院校诊断与改进工作的理论基础主要是基于全面质量管理理论和零缺陷理论。

一、全面质量管理理论

全面质量管理是以质量为中心,以全员参与为基础,目的在于通过让顾客满意和本组织所有成员及社会受益而达到长期成功的组织管理途径。全面质量管理理论是 20 世纪 60 年代首先由美国质量管理专家费根堡和朱兰等人提出来的。

朱兰认为,大多数质量问题可以追溯到管理层的决策。他认为质量差通常是管理不善的结果。运用帕累托原理,朱兰认为一个组织 80% 的质量问题是可控缺陷造成的。纠正系统意味着纠正质量问题。因此,80% 的质量问题责任在于管理层,因为他们控制着组织中 80% 的系统。

全面质量管理理论在学校应用时,高级管理人员通过制定机构的愿景、优先事项和政策,在战略质量管理方面发挥领导作用。中层管理者负责质量保证,包括协调团队信息、系统检查有效性,并将监控结果传达给教学团队和高级管理层。以团队形式开展教学工作的教师实施质量控制,他们可以设计学习课程的特点和标准,以符合学习者的需求。

朱兰制定了质量规划路线图,包括以下步骤:

- 确定谁是客户;
- 确定这些客户的需求;
- 把这些需求翻译成我们的语言;
- 开发一种能够满足这些需求的产品;
- 优化产品功能,以满足我们和客户的需求;
- 开发一种能够生产产品的工艺;
- 优化流程;
- 证明该工艺能在操作条件下生产产品;
- 将流程转移到操作。[1]

---

[1] JURANJ M. Juran on Leadership for Quality [M]. London : Free Press, Collier Macmjllan, 1989.

二、零缺陷理论

零缺陷理论是菲利普·克劳士比对质量思考的主要贡献，是对成功和消除失败的承诺。它包括建立系统，确保事情每次都以正确的方式完成。在商业环境中，以零缺陷为目标将通过节约成本来增加利润。

零缺陷模型是一个纯粹的预防模型，它相信在接近零缺陷时，就有可能消除错误。零缺陷理论在教育界反应强烈，因为零缺陷意味着所有的学生都能在教育中取得成功，发挥他们的潜力。提高教育质量的任务是建立制度和结构，以确保实现这一目标。但是有许多因素阻碍了零缺陷的实现，尤其是标准参考考试，因为标准参考考试使零缺陷效应的目标无法实现。

菲利普·克劳士比对质量计划进行了改进，改进后的质量计划分为14步。

第1步是管理层的承诺。这对任何质量计划的成功都至关重要。质量计划必须得到高级管理层的批准和领导。

第2步建立在创建质量改进团队的承诺之上。由于组织内的每个职能部门都可能导致缺陷和质量故障，因此组织的每个部门都必须参与改进工作。质量改进团队的任务是制定和指导将在整个组织内实施的计划，这个团队不需要完成所有高质量的工作，实施改进的任务由各个部门的团队负责。质量改进团队制订的计划必须得到高级管理层的认可和批准。

第3步是质量测量。重要的是能够以客观评估和纠正措施的方式测量当前和潜在的不符合项。测量的类型因制造和服务组织而异，通常包括来自检验和测试报告的数据、统计数据以及来自客户的反馈数据。

第4步是量化质量成本。质量成本包括出错成本、返工成本、报废成本、不得不再次进行的成本、检验成本和测试成本。能够识别质量成本并对其进行评估是很重要的。

第5步是建立质量意识。有必要提高组织内每个人对质量成本和实施质量改进计划的必要性的认识。这需要管理层和员工之间定期举行会议，讨论具体问题和克服问题的方法。需要传达有关质量计划的信息。

第6步是纠正措施。主管需要与员工合作，以消除质量问题。需要一种系统的方法来处理问题。克劳士比建议成立一系列任务小组，制定一个精心设计的行动议程。任务小组的报告应在一系列定期会议上提交给指挥系统。为了决定先解决哪个问题，他建议应用帕累托规则。这表明，20%的过程会导致80%的问题。首先需要解决最大的问题，其次是最重要的问题[①]。

强调改进过程的一种方法是通过第7步"零缺陷计划"。引入零缺陷计划，并由质量改进团队领导，该团队也负责实施该计划。所有员工都应该签署正式合

---

① 克劳士比. 质量免费[M]. 杨钢, 林海, 译. 山西：山西教育出版社, 2011.

同或承诺努力实现零缺陷。

第 8 步强调主管培训的必要性。所有管理人员都要了解自己在改进过程中的作用，这是通过正式的培训计划来实现的。这对于担任关键中层管理角色的员工尤为重要。

第 9 步是举办"零缺陷日"。这是一个为期一天的活动，确立了零缺陷的理念，并通知员工已经发生了变化。这实质上是一场盛大的庆祝活动，旨在强调和庆祝在质量方面开展的工作，并强调管理层对质量的承诺。它还有一个更重要的方面，那就是员工发展。

第 10 步是目标设定。一旦承诺致力于实现零缺陷，并在零缺陷日提出该想法，完成个人行动计划就很重要。团队为自己设定的目标必须具体且可测量。目标设定自然会导致第 11 步，错误原因消除。

第 11 步是错误原因消除。需要有一种方法，让员工个人能够向管理层传达使承诺难以实施的情况。最好是通过设计一个标准的表格，交给相应的直线经理来实现。所有此类表格必须在特定时间段内收到回复。

第 12 步是"认可"。实现零缺陷需要对员工的成就和贡献进行认可。克劳士比认为，这种认可需要与之前设定的目标联系起来。奖励可以是奖品或证书，重要的是认可，而不是金钱。

第 13 步是建立质量委员会。这是朱兰也支持的一种体制结构。重要的是让高质量的专业人员聚在一起，决定如何最好地解决问题。检查员和质量控制员在工作中需要一致和专业的方法。质量委员会的部分职责是监督计划的有效性，并确保改进过程继续进行。

第 14 步强调持续改进。质量计划永远不会结束，一旦达到目标，该计划需要重新开始。

第三节　诊断与改进工作的现状
——以首批 26 所"双高"院校为例

一、试点院校

根据内部诊改工作要求，各省出台了诊改实施方案。教育部于 2017—2019 年确定了 9 个省共 27 所院校为第一批诊改工作试点院校（见表 2-1 所示），并分批公布各校实施方案。2019—2020 年，教育部分两批对试点院校进行诊改复核，共有 27 所院校通过复核。由于其中 1 所学校未发布实施方案，因此本研究主要分析其中 26 所院校的情况。

表 2-1 2017—2019 年第一批高职诊改工作试点院校名单

序号	省市	院校名称	复核情况	双高建设
1	山西	山西省财政税务专科学校		高水平院校 C 档
2	山西	山西交通职业技术学院		
3	山西	山西经贸职业学院		
4	内蒙古	内蒙古建筑职业技术学院		高水平专业群 C 档
5	内蒙古	包头职业技术学院	通过复核	
6	内蒙古	内蒙古化工职业学院		高水平专业群 B 档
7	黑龙江	黑龙江职业学院	通过复核	高水平专业群 B 档
8	黑龙江	黑龙江农业工程职业学院	通过复核	高水平专业群 B 档
9	黑龙江	哈尔滨职业技术学院	通过复核	高水平院校 C 档
10	江苏	南京工业职业技术学院	通过复核	
11	江苏	无锡职业技术学院	通过复核	高水平院校 A 档
12	江苏	常州工程职业技术学院	通过复核	高水平专业群 B 档
13	山东	淄博职业学院	通过复核	高水平院校 B 档
14	山东	滨州职业学院	通过复核	高水平院校 C 档
15	山东	泰山职业技术学院	通过复核	
16	河南	黄河水利职业技术学院	通过复核	高水平院校 A 档
17	河南	河南工业职业技术学院	通过复核	高水平专业群 B 档
18	河南	许昌职业技术学院	通过复核	高水平专业群 B 档
19	重庆	重庆电子工程职业学院	通过复核	高水平院校 B 档
20	重庆	重庆城市管理职业学院	通过复核	高水平专业群 A 档
21	重庆	重庆航天职业技术学院		高水平专业群 C 档
22	贵州	贵州交通职业技术学院	通过复核	高水平院校 C 档
23	贵州	铜仁职业技术学院	通过复核	高水平专业群 B 档
24	贵州	贵州轻工职业技术学院		高水平专业群 C 档
25	陕西	陕西工业职业技术学院	通过复核	高水平院校 A 档
26	陕西	陕西铁路工程职业技术学院	通过复核	高水平院校 C 档
27	陕西	陕西交通职业技术学院	通过复核	

二、内部诊改工作思路

26所院校均设立了在党委领导、院长指挥下分层分级、职能明确的质量保证组织机构，即学校、二级教学单位、专业（课程）三级组织机构，或学校、二级教学单位、专业三级组织机构、课程四级组织机构。同时，设立了学院质量管理机构，负责质量监控与诊改运行。其中，有17所院校设置的质量管理机构为独立的职能部门，其余9所院校则是从相关职能部门抽调人员成立专门的质量管理办公室或诊改工作办公室。尤其值得注意的是，重庆城市管理职业学院、贵州轻工职业技术学院在成立质量保证委员会的基础上，还另设了质量保证专家委员会，承担政策咨询、业务指导、理论研究、人员培训、可持续改进等工作。河南工业职业技术学院专门建设了一支数据管理队伍，进行各类数据的分析与挖掘。哈尔滨职业技术学院成立了一支由校级、二级部门人员组成的质量管理员队伍，推动诊改运行；此外，其质量保证委员会成员中，除了学校各部门负责人，还纳入教师代表、学生代表、企业代表、家长代表，真正形成内外结合、多元诊断的质量保证组织架构。

26所试点院校通过搭建"五纵五横一平台"基本框架，采用SWOT（优劣势、态势）分析法打造目标链与标准链，明确各层面优势特色、短板弱项，以及外部发展机遇与核心竞争力情况；根据SMART（specific具体、measurable可实现、relevant相关性、time-bound时限）原则，设计科学合理、行之有效的考核办法，保证目标任务的高质量完成；在此基础上，建立"8"字形质量改进螺旋工作流程，即目标—标准—计划—组织—实施（监测、预警、改进），实现质量螺旋上升。"8"字形质量改进螺旋由动螺旋和静螺旋叠加而成，并相交于"计划—组织—实施"环节，其中静螺旋指完整的工作流程，动螺旋指在质量生成过程中的数据分析、预警及改进的过程。重庆航天职业技术学院、陕西交通职业技术学院则把两个螺旋看作大、小两个循环：大循环为一个诊改循环，小循环为实时监控循环。

三、目标链与标准链建设特点

各试点院校的目标链、标准链建设各有特色，在学校、专业、课程、教师、学生5个层面具有不同做法与特点。

（一）学校层面

一是根据学校事业发展规划，制定年度目标任务，层层分解，并建立各项任务的考核标准。二是建立内控体系，厘清各部门管控事项，修订制度，梳理组织、人事、财务、教学、科研、后勤保障、产学合作、国际交流、信息管理等事项，设计与管理制度匹配的工作流程。三是建立质量文化，营造全员、全过程、全方位质量保证环境。从实施方案上看，各校都建立了目标任务考核制度，将诊改工作融入部门绩效目标考核，层层落实质量主体责任。其中，有12所学校明确建立或完善内控机制，9所学校明确实施奖惩及问责机制，14所学校将质量文化作为建设要点，并提出具体举措。

（二）专业层面

一是制定专业建设类标准，包括专业设置标准、专业建设标准、专业预警标准、专业动态调整标准、专业教学标准、专业考核标准等。二是制定专业发展类标准，按照校级、省级、国家级分级，包括合格专业、特色专业、品牌专业、示范专业等标准。三是制定专业运行类标准，包括人才培养方案制订标准、专业资源配置标准、顶岗实习标准、毕业设计（论文）规范、教学资源建设规范、课堂教学规范、考试管理规范等。

（三）课程层面

一是制定课程性质类标准，包括理论课、实践课、理实一体化课程、精品在线开放课的课程标准。二是制定课程培育类标准，分类建设合格课程、院级优质课程、省级课程、国家级课程的课程标准。三是制定课程实施类标准，分类建设课程开发标准、课程设计标准、课程教学标准、课程考核标准等。

（四）教师层面

一是制定师资规划类标准，包括学院师资队伍建设、系部教学团队建设和教师个人发展3类标准。二是制定教师任职资格类标准，包括教师入职标准、教师资格认定标准、职称认定标准。三是制定教师发展类标准，包括双师素质标准、人才引进标准、兼职教师标准、骨干教师标准、专业带头人标准、教学名师标准、优秀教师标准、领军人才标准等。

（五）学生层面

一是制定学生全面发展类标准，包括学业发展标准、职业发展标准、素质发展标准、社会能力发展标准等。二是制定学习阶段类标准，包括职业道德培养标准（一年级）、职业素质培养标准（二年级）、职业技能培养标准（三年级）。三是制定学生个人发展类标准，包括基本标准、毕业标准、优秀毕业生标准、学生干部任职标准、三好学生标准、日常行为规范、国家奖学金标准、升本标准、社团标准等。

第四节　对完善职业院校内部质量保证体系的思考

在诊断与改进工作推动下，职业院校内部质量保证体系建设取得了不少成绩，但也存在诸多问题。

一、良好做法

（一）在诊改工作中注重上下沟通，希望提高每名教职员工的质量保证意识

首先，各参与院校学校领导重视学习诊改政策文件，重视将诊改工作的核心理念、实施要求等传达给二级学院和相关部门负责人。其次，各参与院校在诊改过程中组织开展对全校师生诊改工作的培训。多次分层分类对全校教师开展专项培训，介绍诊改理念、理论，解读诊改实施方案，培训质量管理工具及平台使用方法。

（二）重视数据平台建设，希望能够更好地实现质量保证对学校战略决策的支撑作用

各参与诊改工作院校重视现代信息技术在诊改工作中的潜能，利用现代信息技术，创新质量管理平台、信息支撑系统和各类评价工具，希望实现诊改工作从智慧化走向智能化的常态性、周期性和持续性开展，更好地实现对学校战略决策的支撑作用。

（三）以"大教学工作"为对象建设内部质量保证体系，希望协调一切资源为培养学生服务

我国高等教育长期以来将教学工作作为内部质量保证体系的对象，而诊改工作以全面质量管理、零缺陷理论为基础，强调职业院校内部"五纵五横一平台"的系统化建设，通过质量诊改工作，高职试点院校最终要在学校、专业、课程、教师、学生横向"五层面"各自建立起完整且相对独立的自我质量保证机制。

（四）使用三方方法，希望将战略目标、质量保证、绩效考核相统一

"三方方法"，即整合战略目标、质量保证和绩效考核，质量保证重点是确保适当的卓越标准，指导大学实现未来愿景的战略，以及旨在支持质量提升和战略

执行的绩效措施。在这种情况下，质量保证体系的建设不仅受到外部质量规则和条例的指导，还受到内部战略、绩效目标和倡议的指导。

二、存在的问题

职业院校内部质量诊断与改进工作虽然取得了很大成绩，但是通过近几年对相关院校评估，却发现存在着一些共性问题。

有学者认为巨大的学校质保体系没有充分体现新时代本专科教育的新理念；质保体系的主体责任意识需要进一步强化，二级学院的质保体系较为薄弱；质量标准不完善，组织机构不健全；系统性、周期性自我评估制度不健全，利用信息化手段进行常态监测还有不足；把质量监控体系等同于质保体系；质量监控助推持续改进的效果不够好，质量"最后一公里"的落实不到位；先进的质量文化尚未形成。

还有学者认为要做好诊改工作，一定要明确诊改与评估的区别，诊改是以问题为导向的，而评估是对基本指标的全面检测。评估的要素是可确定的，而诊断要分析的因素有常规的，也有非常规的，具有很大程度的不确定性，尤其是一些真正起关键作用的因素可能是完全不确定的，需要诊断专家有针对性地去发现。对教育机构的评估可由外部机构来进行，而诊改必须是自我实施的[①]。

本研究基于学校实践认为学校内部质量保证体系存在着质量保证与战略和绩效相关规划不一致；政策保证侧重于绩效考核，而不是转型或质量提升；支撑战略目标相对应的政策和程序不完善；缺少对研究质量、社会影响和贡献的评价；质量保证和学生学习成绩之间存在巨大差距等问题。

三、完善内部质量保证体系

有学者认为内部质保体系是一个动态的、可分解、可操作的闭环操作流程。本质是整合内部教学资源，协调教学过程的各个环节，构成能够在教学质量上形成自我净化、自我完善、自我革新、自我提高的有效运行机制。高校内部质保体系没有最好、只有更好，它的发展也遵循 PDCA（plan 计划、do 执行、check 检查、act 处理）循环，在计划、执行、调节、改进中不断完善。目标和标准的制定是质保体系建设的前提。人才培养方案确定后需要找出影响质量的关键控制点，根据这些关键控制点制定明确的质量标准和要求，并建立各关键控制点的有机联系和制衡机制。目标要体现学校特色，标准要可量化、可监督、可比较。条件和政策保障体系是质保体系建设的基础。过程管理是质保体系的重点。系统性、周期性自我评估制度是质保体系的关键。质保体系的落脚点是反馈、调节和

---

① 徐国庆. 诊改与评估的区别[J]. 职教论坛，2017（6）：1.

改进。

周思勇等人认为高职院校内部质量保证体系建设是一个系统工程，需要加强机制构建，形成一种良性稳定的秩序，促进学校内部的协同与优化；培育质量文化，形成共同的信念，为行动提供动力支持；提升数据治理能力，促进质量改进与新质量的生成[①]。

郝莉等基于学习型组织原理，提出支持质量发展的高校内部质量保障框架，包括四个维度以及内外部质量保障接口，其中质量文化、质量管理和质量工作三个维度体现了工作的重点，而质量胜任力包含心理和素养两个层面，体现了变革要素[②]。

徐国庆指出职业院校要开展好诊改工作，首先要摆脱已经习惯的评估模式的思维，建立起诊改模式的思维。诊改模式的思维不是去建立大量用于检测的指标体系，而是要建立起针对不同问题的诊断思维路径。问题系统以及针对每个问题的诊断思维路径和改进策略，才是职业院校诊改工作所需要的工具。这类工具的开发应成为推动诊改工作的主要研究内容。其次，不能把诊改工作看成是在原有工作中增加出来的一项工作，而是要把它看作对原有运行模式的革命性改革。最后，仅仅有机制还不够，这一工作具有一定的专业水准，它要真正发挥作用，需要职业院校的各级领导提升自我发现和改进问题的能力[③]。

除了以上学者的建议外，本研究认为在质量管理与保障过程中，质量管理政策、方法、程序的制定，质量保障体系结构、内容的设计，以及各利益相关者的参与程度等都直接影响着管理的效果。要进一步完善本科层次职业院校内部质量保证体系的建设，还要做好以下几点工作。

一是根据国家法律制度和相关规定，制定本科层次职业院校内部质量保证体系建设的基本标准。对比分析国际工程技术认证要求会发现，ABET 工程技术认证或者 ASIIN 特定主题的学位课程认证对不同层次学生的职业能力，都给出了明确的规定。在明确职业能力的前提下，对所开设课程，需要的师资、资金和实践教学条件等也都提出了相应的要求。为了更好地满足职业教育为经济社会数智化转型培养技术技能人才的任务，本科层次职业教育内部质量保证体系需要在对接国际标准的基础上，进一步明确有中国特色的本科层次职业教育要求。

二是吸取企业质量管理模型合理要素，完善内部质量保证体系框架。职业教育内部质量保证体系模型应与职业教育范式相一致。我国已初步形成具有中国特

---

① 周思勇，何明友，葛晓波. 人文价值取向下的高职院校内部质量保证体系建设[J]. 教育与职业，2022（4）：52-57.
② 郝莉，冯晓云，朱志武，等. 新一轮审核评估背景下高校内部质量保障框架与途径研究[J]. 中国高教研究，2021(10)：58-66.
③ 徐国庆. 诊改与评估的区别[J]. 职教论坛，2017（6）：1.

色的职业教育范式,既不是完全的科学范式也不是完全的工程范式,因此我国职业教育内部质量管理体系必须在职业教育发展过程中,不断探索完善,与之相匹配。在发展过程中,向企业质量管理模型学习,是有意义的。

三是根据时代的进步和质量保证的需要,采用新的质量保证方法。随着职业教育系统日益复杂化,传统的经验管理模式已很难胜任质量管理的责任,高等教育质量管理越来越需要从经验走向科学,建立相对科学、规范的质量保障与监测机制。利用大数据、互联网等建立良好的信息系统,在信息收集的基础上开展"用数据和事实说话"的高等教育质量常态监测,是内部质量保证需要高度重视的新手段。

第三章　本科层次职业院校内部质量保证体系框架建设

探讨企业质量管理模型在高校中的应用，对进一步完善本科层次职业教育内部质量保证体系框架，无疑具有重要作用。

第一节　全面质量管理模型

在定义教育中全面质量管理的要素之前，先澄清对全面质量管理的一些误解。

第一，全面质量管理不是强加的。全面质量管理不能主动作为，要使全面质量管理发挥作用，机构必须有意愿引入它。

第二，全面质量管理不是检查。全面质量管理是试图每一次都把工作做好，而不是偶尔检查工作是否出了问题。

第三，全面质量管理不是按照别人的议程工作，除非相关客户已经指定了议程。

第四，全面质量管理不只是高级管理人员的工作。全面质量管理的总体要求是组织中的每一件事和每一个人都必须参与到持续改进中去。TQM（全面质量管理）中的管理同样意味着机构中的每个人，无论其地位、职位或角色如何，都是自己职责的管理者。

第五，全面质量管理方案不是必须使用缩写 TQM 作为名称。全面质量控制、全面质量服务、持续改进、战略质量管理、系统改进、质量第一、质量倡议、服务质量都可以是全面质量管理。重要的不是名称，而是质量计划对学校文化的影响。

第六，两个略有不同但相关的概念可以描述全面质量管理，第一个是持续改进的理念，第二个相关的含义是全面质量管理使用的工具和技术。

综上所述，全面质量管理既是一种心态，又是一种实践活动，还是一种促进持续改进的方法。更重要的是，全面质量管理代表着一个机构的重心从短期的权宜之计向长期的质量改进的永久性转变，是一种只有通过持续改进才能达到质量目标的哲学。

一、改善

全面质量管理通常由一系列小规模的增量项目来完成。TQM 的理念是大规模的、鼓舞人心的和包罗万象的，但其实际实施是小规模的、高度实用的和渐进的，是"逐步改进"的。激烈的干预不是全面质量管理变革的手段，宏大的计划并不是前进的方向，因为它们往往会因为缺乏资源而失败，它们的消亡可能会滋生犬儒主义和不满。

改善的本质是寻求建立成功的信心的小项目，并为进一步改进奠定基础。作为例证，朱兰谈到了"大象大小"和"咬一口大小"的项目。他认为，解决"大象大小"项目的最佳方法是将它们分成易于管理的"小规模"任务。他建议指派一个团队完成"切割大象"的任务[①]。坚实而持久的变革建立在一系列小而可实现的项目之上。一个过程一个过程、一个问题一个问题，谨慎地做出改变。在一段时间内，通过这种方式取得的成就要比通过尝试进行大规模的变革来得多。质量改进的渐进式方法还意味着实施不一定是一个昂贵的过程。

二、改变文化

在实施全面质量管理前需要改变文化。第一，员工需要一个合适的工作环境。员工周围的环境对他们正确有效地完成工作的能力有着深远的影响。重要的环境特征之一是其工作的系统和程序。制定良好且可行的程序本身并不能产生质量，但如果程序很差或具有误导性，则会使保持生产质量极其困难。

第二，要做好工作，员工需要有人鼓励和认可他们的成功和成就。他们理应拥有能够欣赏他们的成就并指导他们取得更大成功的领导者。做好工作的动机来自一种领导风格和一种氛围，这种氛围可以提高自尊并赋予个人权利。

第三，为了创造一种持续改进的文化，管理者必须信任他们的员工，并将决策授权给适当的级别，让员工有责任在自己的领域内提高质量。

第四，持续改进文化的形成，不但需要员工改变工作态度和工作方法，还需要足够的时间。

三、颠倒的组织

成功的全面质量管理文化的关键是有效的内部/外部客户——供应商链。一旦掌握了这个概念，它就会对组织及其内部的关系产生巨大的影响。第一个改变

---

① 德费欧. 朱兰质量手册：通向卓越绩效的全面指南（第七版）[M]. 北京：中国人民大学出版社，2021.

的是传统的组织地位观念。控制不是全面质量管理的组织特征。高级和中级管理层的职责是支持与授权教学和教学辅助人员以及学习者。这可以通过比较传统的层级组织结构图和 TQM 对应的组织结构图来形象地说明。在教育领域，TQM 改变了通常的一系列关系，使之成为一种以客户为中心的关系。颠倒的组织重心不会影响学校或学院的权力结构，也不会削弱高级管理人员的重要领导作用。事实上，领导力对全面质量管理的成功至关重要。倒置的层级结构强调提供客户对机构的重要性。

四、贴近顾客

全面质量管理机构的主要任务是满足客户的需求。用彼得斯和沃特曼[1]的话来说，优秀的公共和私人组织都"与客户保持密切联系"，并且对质量痴迷。他们认识到，能够长期生存需要将服务与客户需求相匹配，质量必须符合客户的期望和要求。质量是客户的需要，而不是由机构决定什么对客户最有利。没有顾客就没有机构。

然而，以客户为中心本身并不是确保总体质量的充分条件。全面质量管理组织需要充分制定战略，以满足客户的需求。教育在与外部客户的关系中面临着一个挑战——许多顾客往往对服务及其质量的构成一无所知。此外，人们的期望也各不相同，而且往往相互矛盾。在公众心目中，特定课程的质量往往与学校的声誉相混淆。学习者对质量的看法随着他们在学校的进步而改变，他们的经验和信心也在增长。

另一个困难是，教育客户在决定他们自己的学习质量中扮演着重要角色。客户在决定他们从教育中获得的教育质量方面具有独特的功能。在互动学习过程中，为了克服其中一些问题，有必要确保学习者和为他们服务的员工的积极性。同样重要的是，要明确教育为学习者提供了什么以及对学习者的期望。

五、内部客户

全面质量管理以客户为中心的理念不仅仅涉及满足外部客户的要求。机构内的同事也是客户，他们依靠其他人的内部服务来有效地完成工作。在学校工作的每个人既是服务的提供者，也是他人的顾客，每个员工都提供和接受服务。如果一个机构要高效运作，内部客户关系至关重要。发展内部客户关注度的最佳方式是帮助员工个人识别他们向谁提供服务。它围绕以下问题展开：①你主要为谁提供服务？②谁会依靠你来做好他们的工作？

---

[1] PETERS T J, WATERMAN R H. In Search of Excellence [M].London:HarperCollinsBksiness，1982.

对于直接客户，无论他们是机构外部的还是内部的，了解他们想要什么，并对他们需要的标准有一个很好的了解是很重要的。这些标准可能是契约性的，也可能是可协商的。标准无关地位与等级，向低年级学生提供的服务与向校长提供的服务同等重要。

六、内部营销

员工才是质量的关键，他们提供成功的课程和使客户满意。内部营销是与员工沟通的有用工具，以确保他们随时了解机构内发生的事情，并有机会反馈想法。简单地说，内部营销的理念是，新的想法、产品和服务必须向员工有效地营销，就像向客户有效地营销一样。如果没有适当的产品知识和对机构目标的热情，员工无法向潜在客户传达机构的信息。内部营销是沟通思想的舞台，这是一个积极主动的过程，需要承诺让员工了解情况并听取他们的意见。

七、专业精神

传统上，大学专业人员认为自己是质量和标准的守护者，TQM对客户主权的强调可能会与传统的专业概念产生一些冲突，任何采取全面质量路线的教育机构都需要考虑这一点。对教师进行质量概念和思维方面的培训是所需文化变革的一个重要因素，员工必须了解他们及其学生将如何从以客户为中心的转变中受益。总质量不仅仅是"对顾客友好、微笑"，它是倾听、对话和关怀。专业精神的最佳方面是关怀、高学术和职业标准。将专业精神的最佳方面与全面质量相结合是成功的关键。

八、学习的质量

教育就是学习。如果全面质量管理要与教育相关，就需要解决学习者体验的质量问题。只有这样做，它才会对教育质量做出重大贡献。在大多数院校受办学经费制约的时候，更要专注于主要学习活动。

学习者以适合其需求和倾向的方式学习效果最好。采取全面质量路线的教育机构必须认真对待学习风格问题，并需要制定个性化和差异化学习策略。学习者是主要客户，除非学习风格满足个人需求，否则该机构不可能声称自己达到了质量要求。

教育机构有义务让学习者了解他们可以使用的各种学习方法。应该给学习者机会，让学习者以各种不同的方式体验学习。机构需要了解，许多学习者也喜欢转换和混合不同的风格，并且必须足够灵活，以便在学习中提供选择。

要在课堂上运用全面质量管理原则，可以从学习者和他们的老师确立各自的目标开始。双方可以就如何完成任务、学习和教学风格以及所需资源进行协商。学习者应该积极与教师、企业人员、家长等讨论自己的行动计划从而找到方向和动力。为更好地对学生进行指导，可以建立一个质量指导委员会，以提供反馈，并给学习者一个管理自己学习的机会。教师和学生都可以通过进度图表进行详细监控，确保所有课程都按照计划实施。这对于确保在存在障碍时及时采取适当的纠正措施非常重要。

建立强有力的反馈回路是任何质量保证过程的重要组成部分。评估应该是一个持续的过程，而不是仅仅停留在学习计划结束之前。过程评估的结果应该通过填写成绩记录等方式与学生讨论。引导学生参与评估将有助于培养学生的分析能力。

重要的是，机构应利用正式监测的结果来确定其方案的有效性。如果客户的体验不符合他们的期望，它必须准备采取必要的纠正措施。正如开创这类过程的教师所知，这一切都不容易。这可能是一种情感体验，也可能会发生意想不到的变化。它所做的是为学生提供动机和使用TQM工具的实践经验。

九、引入全面质量管理的障碍

全面质量管理是一项艰苦的工作。培养高质量的文化需要时间。努力工作和时间本身就是提高质量的两个最强大的阻碍机制。全面质量管理需要捍卫者，以应对教育面临的无数新挑战和变化。质量改进是一个脆弱的过程，所有重大变化都在进行中。文化本质上是保守的，内环境稳定是常态。员工通常不愿意对熟悉的东西进行改变。然而，在竞争对手进步的同时停滞不前是失败的原因。

如果全面质量管理要发挥作用，该机构高级职员就必须有长期奉献精神，他们必须支持并运用它。高级管理层本身可能就是问题所在，他们可能想要全面质量管理能够带来的结果，但不愿意全心全意地支持它。许多高质量的计划都因为高级管理人员很快回到传统的管理方式而功亏一篑。高级管理人员对采用新方法的恐惧是一个主要障碍，甚至是最严重的阻碍。如果高级管理层不支持全面质量管理，那么组织中的其他人几乎无能为力。

巨大的外部压力也阻碍了许多组织尝试全面质量管理。虽然高质量的项目在推出时有相当大的宣传力度，但它们往往会被其他项目取代和淹没，因此有必要确保质量始终在议程上占据重要位置。这就是战略规划发挥重要作用的地方。如果全面质量管理确实是该机构战略角色的一部分，并有良好的监督机制，质量会得到提高，而这也会增加高级管理者对质量的重视程度。

帮助员工理解机构使命的战略规划有助于弥合沟通中的差距。员工需要知道他们的机构将走向何方，以及未来会有什么不同。高级管理人员必须充分信任员工,与员工分享机构愿景。员工往往不愿意袒露心声,再加上害怕管理者授权,这会使质量开发变得几乎不可能。所以管理者必须能够让员工做出决定,并接受员工所犯的错误。

许多机构的一个潜在问题是未充分发挥中层管理人员在其中所起的作用。实际上,中层管理人员发挥着关键作用,因为他们既维持着该机构的日常运作,又是该机构最重要的沟通渠道之一。中层管理人员可以充当团队的领导者,带头推动质量改进。但是,除非高级管理层向中层管理者传达他们对新未来的愿景,否则他们可能不会将自己的角色责任定位于质量创新。在倡导和传达质量改进信息时,高级管理人员的行为必须一致。他们不能说一件事做另一件事,然后期望员工产生热情,或中层管理人员产生忠诚和承诺。他们必须说服其他人,新的工作方法会带来好处。

全面质量管理必须避免只讲行话和炒作。这很容易导致人们失去兴趣,产生怀疑,并相信这么做不能起到作用。全面质量管理的许多障碍都涉及恐惧和不确定性。对未知的恐惧、对不同的事情的恐惧、对信任他人的恐惧、对犯错的恐惧,是强大的防御和抵抗机制。进行质量革命以"驱除恐惧"最为重要,在建立质量机构时,必须认真对待这一观念。

第二节 EFQM 卓越模型

作为一种整体管理理念,TQM 激发了不同类型的商业卓越模式,这些模式与世界上几个国家的质量奖有关,如日本的戴明奖、欧洲的 EFQM 卓越奖或美国的马尔科姆·鲍德里奇国家质量奖[1]。这些奖项提高了组织对质量改进作为关键成功因素的认识,并认可已成功实施基于全面质量管理的体系组织。

一、EFQM 框架的本质

在波多里奇模式和戴明奖的成功推动下,为了提高欧洲经济体的竞争力,EFQM(一个非营利基金会)于 1989 年在布鲁塞尔成立,它由 14 位创始人组成,他们都是世界级领先组织(如雷诺、大众、博世、雀巢、飞利浦)的首席执行官,两年后推出了 EFQM 卓越模型(最初被指定为欧洲卓越商业模型),1992 年首次颁发了欧洲质量奖。

创建 EFQM 卓越模型的目的是提供组织的整体视图,并将其概念化为一种

---

[1] MENDES L. TQM and Knowledge Management: An Integrated Approach Towards Tacit Knowledge Management JAZIRI-BOUAGINA D, JAMIL G L. (Eds), Handbook of Research on Tacit Knowledge Management for Organizational Success.Hershey:IGI Global, Hershey, 2017:236-263.

非规定性模型，可应用于任何规模、行业或成熟的组织。EFQM卓越模型基于九个标准，按促成因素和结果分组。促成因素又称"使能标准"，涉及组织做什么以及如何做，包括领导力、人员、战略、伙伴关系和资源，以及流程、产品和服务，而"结果"标准则关注组织实现什么，包括人员结果、客户结果、社会结果和业务结果。总之，该模型本质上是动态的，并定义了为了实现可持续发展，组织需要强有力的领导和明确的战略方向，开发/改进其人力资源、伙伴关系和流程，以便向其利益相关者提供增值产品和服务；此外，学习、创造力和创新有助于改善促成因素，进而有助于改善结果。

EFQM卓越模型基于几个基本概念（虽然本质上是非规定性的），定义了维持可持续卓越的基础的基本原则：为客户增加价值；创造可持续的未来；发展组织能力；利用创造力进行创新；以远见引领；灵感和正直；灵活管理；通过人才获得成功；保持优异成绩。此外，经常将RADAR逻辑（结果、方法、部署、评估和审查的首字母缩写）与休哈特持续改进周期（更广为人知的是德明循环）相比较[1]，以帮助组织进行自我评估过程。

该模型隐含"基于资源的观点"的组织理论、匹配标准以及内部和外部视角的各自资源和能力[2]，虽然没有提供如何改善组织优势和劣势的答案，但是利用这些问题可以让组织通过持续改进的管理走上卓越的资源分配之路[3]。正如研究者所报告的那样，在实践中，EFQM模型被不同的组织用于不同的目的，如作为管理体系框架、作为基准工具，特别是作为一种自我评估方法，识别弱点和改进机会[4]。由于其潜力，EFQM卓越模型已成为追求卓越的基本方法，有时被认为是ISO 9001认证的自然延续。

二、高等教育背景下的EFQM卓越模式

随着时代发展，高等教育面临的压力越来越大，如多个不同利益相关者（如政府、学生）需要更多更好的服务，高等教育机构需要越来越多地调整其管理方

---

[1] JACKSON. S. Using the EFQM Excellence Model within Health Care: A Practical Guide to Success,[M].Chichester:Kingsham Press, 2001.
[2] RUIZ-CARRILLD J I C,FERNANDEZ-ORTIZ R. "Theoretical foundation of the EFQM model:the resource-based view [J].Total Quality Management & Business Excellence, 2005,16(1): 31-55.
[3] KIM D Y,KUMAR V,MURPHY S A.European Foundation for Quality Management business excellence model: an integrative review and research agenda [J]. International Journal of Quality & Reliability Management, 2010,27(6): 684-701.
[4] KIM D Y,KUMAR V,MURPHY S A.European Foundation for Quality Management business excellence model: an integrative review and research agenda [J]. International Journal of Quality & Reliability Management, 2010,27(6): 684-701.

法，更加以客户为中心[①]；面对教育领域日益激烈的内部和外部竞争，高等教育机构需要不断提高学术标准等。在这种情况下，通过成熟的全面质量管理模型，将组织定位为"优秀"，取得具有突出水平的绩效来获得竞争优势非常重要。在这样的背景下，EFQM卓越模式成为实现这一目标的有效途径。

最初，EFQM卓越模型（作为自我评估的途径）基本上由制造企业使用，但是很快被那些希望达到或巩固卓越中心地位的组织，用于各种服务环境（如医疗保健、安全），尤其是高等教育部门，以帮助应对一些日益严峻的挑战。

由于该模型是非规定性的（因为它无法确定与不同标准相关的质量管理实践应如何在组织中准确应用），大多数组织可以通过使用这种自我评估工具，确定自身优势和改进机会，从而关注关键的持续改进问题，来控制和评估其改进计划的进展。例如，在戴维斯进行的一项研究中，比较了大学教师业务改进的各种模式，在几种备选方案（如学习公司框架、EQUIS、Charter Mark）中，EFQM卓越模式被认为是最合适的[②]，其应用主要集中在两个方面：在全面制定学校质量管理框架方面，或者在教育和行政流程管理等领域进行的质量改进方面。

三、EFQM卓越模型中使能标准之间的关系

EFQM卓越模型是一个非规定性框架，它建立了9个标准及32子标准，任何组织都可以使用这些标准来评估卓越进展。这9个标准分为使能标准和结果标准。

（一）使能标准

1. 领导力

与执行团队和所有其他管理者的行为有关，包括领导者如何制定和阐明愿景声明，提出组织及其员工能够实现的全面质量和持续改进管理方案。

• 领导者提出任务、远景目标和价值观，并且在优秀文化方面起模范作用；
• 领导参与确保组织管理系统的开发、实施和不断改进；
• 领导参与接触顾客、合作者和来自社会的代表；
• 领导激励、支持和重视组织员工。

2. 人员管理

关注组织如何管理其员工，以及如何充分开发其员工的潜力，以持续改进其业务流程和/或服务。

---

① SUNDE M V.Constructs of quality in higher education services [J]. International Journal of Productivity and Performance Management, 2016,65(8): 1091-1111.
② DAVIES J.The implementation of the European Foundation for Quality Management's (EFQM) excellence model in academic units of United Kingdom universities[D]. Manchester:Management Research Institute School of Management, University of Salford, 2004.

- 人力资源的计划、管理和改进；
- 员工知识和能力的识别、开发和保持；
- 员工参与和授权；
- 员工与组织之间的对话；
- 员工获得奖励、重视和关心。

3. 政策和战略

审查组织的使命、价值观、愿景和战略方向；组织如何通过全面质量和持续改进的概念实现其愿景和使命。

- 战略与策划要以现在和将来的需要，以及受益者的期望为基础；
- 战略与策划要以有关的绩效衡量、调查、学习和有关创新活动的信息为基础；
- 战略与策划的开发和更新；
- 战略与策划通过一个主要过程框架展开；
- 战略与策划的沟通和实施。

4. 资源

组织如何有效管理和利用其外部合作伙伴关系和内部资源，以实现其任务和战略规划中所述的有效业务绩效。

- 外部合作关系的管理；
- 财务的管理；
- 建筑物、设备和材料的管理；
- 技术的管理；
- 信息和知识的管理。

5. 流程

关注组织如何设计、管理和改进其活动流程，以满足其客户和其他利益相关者的需求。

- 过程的系统设计和管理；
- 过程的改进，按需要通过创新使顾客与其他受益者完全满意和增加价值；
- 根据顾客的需要和期望来设计与开发产品和服务；
- 产品和服务的生产、传递与售后服务；
- 顾客关系管理和扩大。

（二）结果标准

1. 员工满意度

调查组织在员工方面取得的成就。

- 感受的测量；
- 绩效指标。

2. 客户满意度

衡量组织与其目标客户的满意度。

- 感受的测量；
- 绩效指标。

3. 对社会的影响

关注组织是如何满足当地、国家和国际社会的需求和期望的。

- 感受的测量；
- 绩效指标。

4. 业务成果

检查组织在满足股东需求方面取得的与预期业务绩效相关的成果。

- 感受的测量；
- 绩效指标。

（三）使能标准之间的关系

在 EFQM 模型中，使能标准定义了组织为了实现卓越所做的事情。具体而言，它与董事领导、人力和物力资源管理以及流程管理相关的活动有关。此外，这些活动不是独立的，它们必须以协调的方式一起实施。

1. 领导

优秀的领导者会发展并促进使命和愿景的实现。他们开发可持续成功所需的组织价值观和系统，并通过自己的行动实施这些价值观和系统。

管理层在质量方面的承诺必须是可见的、永久的，并且存在于所有管理层，因为它是全面质量管理实施过程的指南和推动者[1]。然而，要想成功必须培养全体员工的积极性，并认可他们为改进所做的努力。

埃斯基尔森和达尔高[2]等人的研究表明领导力与其他关键 TQM 实施因素之间存在显著的正相关。因此：

H1a. 管理层的领导对人员管理有积极的影响；

H1b. 管理层的领导对政策和战略有积极的影响；

H1c. 管理层的领导对伙伴关系和资源有积极影响。

---

[1] DEAN J W, BOWEN D E .Management theory and total quality: improving research and practice through theory development[J].Academy of Management Review, 1994,19(3):392-418.

[2] FLYNN B,SCHROEDER R G ,SAKAKIBARA S.A framework for quality management research and an associated measurement instrument[J].Journal of Operations Management, 1994,11(4): .339-366.

2. 政策和战略

优秀的组织通过制定以利益相关者为中心的战略来实现其使命和愿景。该战略考虑到了其运营所在的市场和行业，制定和部署政策、目标和流程，以实现战略。

换句话说，政策和战略必须通过关键流程的部署、适当的政策和员工管理，以及通过建立伙伴关系来实施[1]。这要求在组织中建立战略规划时考虑内部和外部客户的观点和要求，为形成共同愿景，具体质量政策和战略的制定与实施，应纳入组织的政策和战略。

德特尔特和詹尼提到了一种"系统思维"，要求组织的所有成员考虑他们的行为如何影响大学机构中其他人的行为[2]。在高等教育中，这一总体愿景可以通过教授、学生和管理者共同的明确目标来体现。这些目标必须通过战略规划过程在大学的所有活动中形成[3]。因此：

H2a. 政策和战略对人员管理有积极影响。

H2b. 政策和战略对伙伴关系和资源有积极影响。

H2c. 政策和战略对流程管理有积极影响。

3. 人事管理

优秀的组织能在个人、团队和组织层面管理、开发和释放员工的全部潜力。它们促进公正和平等，让员工参与进来并赋予他们权利。他们关心、沟通、奖励和认可员工，以激励员工并建立承诺，将他们的技能和知识用于组织的利益。

人力资源管理是全面质量管理成功的重要基础，因为质量改进过程是其中之一——基于人的组织学习。人员管理的基本活动包括适当的选择、奖励、制订培训计划和专业发展、对质量的承诺和参与，或建立有效的沟通系统。在教育领域，德特尔特和詹尼[4]以及奥塞奥·阿萨雷和隆巴顿[5]强调了培训作为关键因素的作用，并意味着所有员工都要不断获得新的知识和技能。

简而言之，适当的人员招聘和选拔政策，以及经过培训、参与并致力于提高质量和改进组织活动的员工队伍，必然对组织关键流程的绩效和改进产生影响。

---

[1] WINN B A, CAMERON K S. Organizational quality: an examination of the Baldrige National Quality Framework[J]. Research in Higher Education, 1998,39(5): 491-512.

[2] DETERT J R, JENNI R. An instrument for measuring quality practice in education[J]. Quality Management Journal, 2000,7(3): 20-37.

[3] ZINK Z L, SCHMIDT A. Measuring universities against the European Quality Award criteria[J]. Total Quality Management, 1995,6 (516):547-62.

[4] DETERT J R, JENNI R. An instrument for measuring quality practice in education[J]. Quality Management Journal, 2000,7(3):20-37.

[5] OSSEO-ASARE A E, LONGBOTTOM D, MURPHY W D. Leadership best practices for sustaining quality in UK higher education from the perspective of the EFQM excellence model[J]. Quality Assurance in Education, ,2005,13(2):148-70.

这将进一步促进其取得更好的结果。因此：

H3.人员管理对流程管理有积极影响。

4.伙伴关系和资源

优秀的组织计划和管理外部合作伙伴关系、供应商和内部资源，以支持政策和战略以及流程的有效运作。在规划和管理伙伴关系和资源的同时，他们平衡了组织、社区和环境的当前和未来需求。

与供应商的关系以及有形和无形资源管理的重要性是质量管理文献中经常提到的一个方面。在高等教育领域，资源和伙伴关系管理不是文献中特别讨论的主题。尽管如此，大学和其他组织一样，必须优化其稀缺资源，并适当管理特定投入的供应商，这些投入在预算方面代表着巨大的成本[①]。这将导致更好、更有效地管理其流程或关键活动。埃斯基尔森和达尔加德在对EFQM卓越模型的实证分析中发现，伙伴关系管理和关键流程管理之间存在显著的正相关关系[②]。

通过以上分析，得出以下研究假设：

H4.伙伴关系和资源对流程管理有积极影响。

5.过程管理

优秀的组织设计、管理和改进流程，能够充分满足客户和其他利益相关者的需求，并为他们创造不断增长的价值。

高等教育中心的关键流程将不同于其他组织的关键流程，但一旦确定，在管理和改进方面不应有任何差异。关键流程被认为是对给定组织的关键结果有重大影响的流程。在大学里，研究者认为关键过程是管理过程、教学过程和研究过程[③]。

四、自我评估

自我评估是参照EFQM卓越模型，对组织的活动和结果进行的全面、系统和定期审查。自我评估过程使组织能够清楚地识别自己的优势，以及可以改进的领域，此外，还可以定期测量进展情况。EFQM卓越模型分为三个层次，顶层标准、次级标准和第三级标准。次级标准包含了组织追求卓越时必须考虑的固定要素。EFQM流程的第三级是完全开放的，其内容应由组织自己定义。根据目前的评分系统，评估员根据模型中详述的具体指南对每个次级标准进行评分。评分是由个

[①] OSSEO-ASARE A E , LONGBOTTOM D , MURPHY W D .Leadership best practices for sustaining quality in UK higher education from the perspective of the EFQM excellence model[J]. Quality Assurance in Education, 2005,13(2):148-70.

[②] ESKILDSEN J K ,DAHLGAARD J J .A causal model for employee satisfaction [J].Total Quality Management, 2000,11(8):1081-1094.

[③] PIRES DA ROSA M J ,SARAIVA P M ,DIZ H .Excellence in Portuguese higher education institutions[J]. Total Quality Management, 2003,14(2):189-204.

别评估员通过对提供给他们的所有信息进行综合分析而做出的决定。评估代表了对一个组织在与 EFQM 卓越模型中的每个子标准相关的一系列领域的成就的判断。

五、评估方法

EFQM 提出了五种不同的组织自我评估方法：问卷、矩阵、研讨会、车间形式和奖励模拟。EFQM 认为，每种方法都有好处和风险，一个组织的最佳评估方法取决于其在进行自我评估和使用模型方面的成熟度，以及该组织的资源和对项目的承诺。最广泛使用的方法是问卷调查法和形式分析发法。

在问卷调查法中，问卷是自我评估的基本工具，使组织能够获得有关其参与者对其当前质量状况的看法的相关信息。分数较低的问题表明组织应该集中改进工作的领域。这种方法的主要优点是允许大量人员参与自我评估工作。然而，当仅使用这种方法时，组织只会在模型的不同标准中获得有关其质量状态的定量信息。没有收集关于优点、改进领域和可能的改进措施的定性信息。为了获得这类信息，表格形式的方法更合适。这是一种基于参与自我评估活动的组织参与者履行一套表格的方法（在这种方法中，参与者的数量明显要小得多）。分析每个次级标准内的领域，并考虑到被分析组织的现状，评估团队确定其优势、改进领域和可能的改进措施。(EFQM 手册《卓越评估：自我评估实用指南》中给出的示例摘录，见表 3-1 领导力评估示例)

表 3-1 领导力评估示例

标准 1			
领导力			
优秀的领导者有助于实现使命和愿景。他们在成功过程中发展可持续发展所需的组织价值观和体系，并通过自己的行动实施这些价值观和体系。在变化的时期，他们保持着坚定的目标。在需要时，这些领导者能够改变组织的方向，并激励其他人跟随。			
次级标准 1a 领导者发展使命、愿景、价值观和道德观，是卓越文化的楷模。			
手段方法： 1. 发展并树立支持组织文化创建的道德和价值观的榜样； 2. 亲自积极参与改进活动； 3. 审查并提高自身的有效性； 4. 激励和鼓励组织内部的合作。			优势： 1. 高级管理团队开发了一个支持组织道德和价值观的管理能力模型； 2. 通过员工调查和 360 度评估来评估领导者的有效性 还要改进的地方： 1. 领导者个人不参与改进活动。
证据： 企业内部网可用的能力模型； 员工调查数据来自 1996 年、1998 年、2000 年和 2002 年的调查，适当细分，并将个别领导的改进措施纳入其评估过程。			
方法 50 %	部署 50 %	评估和审查 20 %	总分 45 %

六、核心理念

PDCA 计划循环法的基本原理，就是做任何一项工作，通常都是先有设想，并通过计划表达出来；然后按照计划规定去执行、检查、改善；最后通过工作循环，提高水平。这是做好一切工作的一般规律。通过对照 PDCA 和 RADAR 发现，二者都包含计划、执行、检查、改善的过程，都强调持续改进，通过循环，不断提高。二者有所不同的是，RADAR 对计划、执行、检查、改善过程有更高的要求。对计划的方案，要求包含被很好定义和开发的流程。应关注利益相关者的需求，应与战略和其他流程协调。对方案的执行，要求用一个系统的途径去展开，并保证全面执行。在检查阶段，则不仅检查方案的效果，而且要检查方案是否在所有相关领域都得到展开。对于改善活动，强调了应有定期的测量和学习活动，并用所得结果来修改计划和执行改善活动。另外，RADAR 对结果的检查提出了相当严格的标准：与战略相符；应有正面的趋势和稳定的表现；目标要恰当且被实现或超越；将结果与对手的比较；确定结果与方案的相关性；结果的范围覆盖全部相关领域。所以说，RADAR 是对 PDCA 的提升。它可以作为一个方法去指导企业进行计划、执行、检查和改善，也可以作为一个评估工具去检查企业各项活动的成熟程度。

七、在高等教育运用中的障碍

作为一种与商业相关的模式，它遭到了学术界的抵制，到目前为止，它还没有得到高等教育机构内部的广泛支持。然而，对质量的日益关注、对社会负责的需要以及市场化在高等教育系统中的日益扩张，使得质量评估、管理、保证和改进，成为包括教学、研究、服务和机构层面的一个毋庸置疑的现实。在此背景下，一些高等教育机构开始考虑 EFQM 卓越模式的应用。

葡萄牙高等教育机构依照 EFQM 开发了自我评估模型：

C1——人员（学者、学生和非学术人员）

C1.1 甄选和招聘

C1.2 培训和发展

C1.3. 工作条件

C2——资源

C2.1. 财政资源的管理

C2.2 设施、设备和材料的管理

C2.3. 信息和知识的管理

C3——伙伴关系

C3.1. 与外部实体建立的伙伴关系

C3.2. 机构与其提供者之间的关系

C3.3 国际化

C4——领导力

C4.1 机构的使命、愿景和价值观

C4.2 该机构的参与者

C4.3 与外部环境的关系

C4.4 机构的持续改进

C5——政策、战略和文化

C5.1 制定机构政策和战略

C5.2 质量——政策、战略和文化

C5.3 教学——政策、战略和文化

C5.4 研究——政策、战略和文化

C5.5 社区服务——政策、战略和文化

C5.6 其他体制政策和战略

C6——结构和组织

C6.1 结构和组织

C6.2 机构创建的内部结构

C6.3 质量——结构和组织

C7——外部监管

C7.1. 与外部实体的关系

C7.2. 机构的自治程度

C8——流程

C8.1 过程的识别和设计

C8.2 过程的开发和控制

C8.3. 流程的修订和改进

C9——结果（利益相关者）

C9.1 结果——完成既定任务和目标

C9.2 结果——利益相关者

C9.3 结果——教学/学习

C9.4 结果——研究

C9.5 成果——社区服务

C9.6 业绩——财务业绩

C9.7 外部社会影响

第三节　ISO9000 质量管理体系

ISO9000 系列是世界主要的质量标准，在全球拥有约 35 万用户。该标准于 1979 年首次在英国出版，标题为"质量体系"，直到 20 世纪 90 年代中期在英国才被称为 BS5750。这些 AQAP（联合质量保证程序）在 20 世纪 80 年代发展成为国际标准。

ISO9000 与质量管理有关，定义为一个组织利用其资源来满足其客户和法规要求的方法，以及用来进行持续改进的机制。

一、ISO9000 系列背后的理念

ISO9000 系列背后的理念是，质量应融入组织的体系和程序中，强调预防而不是治疗。为了满足 ISO9000 的要求，一个组织必须在从设计到交付、评估的每个阶段建立质量体系，通过正式和严格的管理体系确保产品或服务符合其规范。目标是生产出符合目的的一致水平的产品或服务。

ISO9000 要求，如果质量体系要符合标准，生产产品或服务所需的所有活动都应记录在案。例如，一个教育机构需要记录与课程实施有关的所有活动，包括选择、面试、入职培训、纪律、评估、成绩记录、建议和指导等。ISO9000 对有意使用它的人有相当大的纪律性。建立一个系统既不容易也不简单，这需要投入大量资源和人员时间。该机构的每个人都需要了解其影响，并按照系统和已实施的程序开展工作。

二、ISO9000 在教育中的应用

因为 ISO9000 系列的语言来源于制造业，所以之前的 ISO9000 系列在教育机构中应用时出现了问题，它需要在教育背景下进行大量改写。但是它基于产品一致性的概念，在教育环境中很难改写，尤其是当产品被定义为学生时。然而，现在 ISO9001：2015 是关于过程的，服务组织和教育机构更容易使用。

ISO9001：2015 基于七项原则，一个组织的管理团队可以使用这些原则来提高绩效。这些原则是：

• 以客户为中心——这是所有质量过程的共同概念，即质量包括满足并超越客户的期望。应用这一原则可能需要组织研究客户需求和期望，并衡量他们在满足这些期望方面的表现。在教育背景下，客户可能是学生、学生的父母、学生未

来的雇主或其他教育机构。

•领导——领导者建立愿景和目标的能力是组织成功的关键。领导者激励他人，为他们提供工作所需的资源，确保各方、员工、客户、当地社区和其他人的需求得到识别和满足。领导力已被证明是成功学校的关键变量。这里对领导力的强调效果良好，符合学校改善方面的研究结果。

•员工意识——组织需要其员工为组织的利益使用他们的能力。确保这一点对于创新和发挥创造力非常重要。没有教师和辅助人员，教育机构就无法运作。规划员工的需求并确保他们的才能得到充分利用是成功的关键指标。

•过程方法——这关系到组织核心活动的效率和有效性，以及制定系统化管理方法的重要性。确立明确的角色和责任、确定关键活动、确定绩效指标是流程方法中的一些重要问题。制定明确的绩效指标并确保有系统化管理流程来实现这些目标是教育管理的关键方面。

•改进——改进是所有质量体系的目标。它是关于确保员工获得改进所需的培训和技能，并确保有一种全组织的方法来改进绩效。学校和其他教育机构需要像任何其他组织一样关注持续改进，其中一个关键因素是工作人员培训和发展的重要性，以及确保对工作人员的发展采取系统的方法和对其培训进行充分投资的必要性。

•基于证据的决策——这要求根据信息和数据做出决策。它确保数据可用，并根据可用信息进行决策。关于学生及其表现的数据，以及通过教育过程给予他们的附加值等数据，显然对良好的教育决策非常重要。

•关系管理——组织与其供应商建立互利合作关系，为双方创造价值。它包括清晰和开放的沟通、开展联合项目和汇集专业知识。供应商关系对教育机构的重要性显而易见，此外还需要考虑与社区团体的关系等。

第四节　成熟度模型

一、成熟度模型的起源

成熟度思想源于著名的质量大师菲利普·克劳士比，1979 年在其所著的第一本质量著作《质量免费：确定质量的艺术》一书中提出了著名的质量管理成熟度方格理论。

二、成熟度模型现状

（一）能力成熟度模型

1984年卡内基梅隆大学（Carnegie Mellon University，CMU）成立了软体工程学院（SEI）。1986年11月，在Mitre公司的协助下，开始发展一套帮助软体业者，改善软体流程的流程成熟度架构，并于1991年发表了能力成熟模型（以下简称"CMM"）。SEI不断地延展CMM意涵与适用性，如今的CMM模式包含了系统工程（Systems Engineering，SE）、软体工程（Software Engineering，SW）、整合产品与流程发展（Integrated Production Process Development，IPPD），以及委外作业（Supplier Sourcing，SS）四个专业领域。

CMM的基本思想是，因为问题是由管理软件过程的方法引起的，所以新软件技术的运用不会自动提高生产率和利润率。CMM有助于组织建立一个有规律的、成熟的软件过程。改进的过程将会生产出质量更好的软件，使更多的软件项目免受时间和费用的超支之苦。

软件过程包括各种活动、技术和用来生产软件的工具。因此，它实际上包括了软件生产的技术方面和管理方面。CMM策略力图改进软件过程的管理，而在技术上的改进是其必然的结果。

软件过程的改善不可能在一夜之间完成，CMM是以增量方式逐步引入变化的。CMM明确地定义了5个不同的"成熟度"等级，一个组织可按一系列小的改良性步骤向更高的成熟度等级前进。

成熟度等级1：初始级。处于这个最低级的组织，基本上没有健全的软件工程管理制度。每件事情都以特殊的方法来做。如果一个特定的工程碰巧由一个有能力的管理员和一个优秀的软件开发组来做，则这个工程可能是成功的。然而通常的情况是，由于缺乏健全的总体管理和详细计划，时间和费用经常超支。结果，大多数的行动只是应付危机，而非事先计划好的任务。处于成熟度等级1的组织，由于软件过程完全取决于当前的人员配备，所以具有不可预测性，人员变化了，过程也跟着变化。结果，要精确地预测产品的开发时间和费用之类重要的项目，是不可能的。

成熟度等级2：可重复级。在这一级，有些基本的软件项目的管理行为、设计和管理技术是基于相似产品中的经验，故称为"可重复"。在这一级采取了一定措施，这些措施是实现一个完备过程所必不可少的一步。典型的措施包括仔细地跟踪费用和进度。不像在第一级那样，在危机状态下才行动，管理人员在问题出现时便可发现，并立即采取修正行动，以防它们变成危机。关键的一点是，如没有这些措施，要在问题变得无法收拾前发现它们是不可能的。在一个项目中采取的措施也可用来为未来的项目拟定实现的期限和费用计划。

成熟度等级3：已定义级。在第3级，已为软件生产的过程编制了完整的文档。软件过程的管理方面和技术方面都明确地做了定义，并按需要不断地改进过程，而且采用评审的办法来保证软件的质量。在这一级，可引用CASE（计算机辅助软件工程）环境来进一步提高质量和产生率。而在第一级过程中，"高技术"只会使这一危机驱动的过程更混乱。

成熟度等级4：已管理级。一个处于第4级的公司对每个项目都设定了质量和生产目标。这两个量将被不断地测量，当偏离目标太多时，就采取行动来修正。利用统计质量控制，管理部门能区分出随机偏离和有深刻含义的质量或生产目标的偏离（统计质量控制措施的一个简单例子是每千行代码的错误率。相应的目标就是随时间推移减少这个量）。

成熟度等级5：优化级。一个第5级组织的目标是连续地改进软件过程。这样的组织使用统计质量和过程控制技术作为指导。从各个方面中获得的知识将被运用在以后的项目中，从而使软件过程融入了正反馈循环，使生产率和质量得到稳步的改进。

整个企业将会把重点放在对过程进行不断的优化，采取主动的措施去找出过程的弱点与长处，以达到预防缺陷的目标。同时，分析各有关过程的有效性资料，做出对新技术的成本与效益的分析，并提出对过程进行修改的建议。达到该级的公司可自发地不断改进，防止同类缺陷二次出现。

可以看出，CMM为软件的过程能力提供了一个阶梯式的改进框架，它基于以往软件工程的经验教训，提供了一个基于过程改进的框架图，它指出一个软件组织在软件开发方面需要做哪些主要工作、这些工作之间的关系，以及开展工作的先后顺序，一步一步地做好这些工作而使软件组织走向成熟。CMM的思想来源于已有多年历史的项目管理和质量管理，产生以来几经修订，成为软件业具有广泛影响的模型，并对以后项目管理成熟度模型的建立产生了重要的影响。尽管已有个人或团体提出了各种各样的成熟度模型，但还没有一个像CMM那样在业界确立了权威标准的地位。但PMI（项目管理协会）于2003年发布的OPM3以其立体的模型及涵盖范围的广泛有望成为项目管理界的标准。

（二）组织项目管理成熟度模型

组织项目管理成熟度模型（Organizational Project Management Maturity Model，以下简称"OPM3"）OPM3是PMI最新发布的标准。PMI对OPM3的定义是评估组织通过管理单个项目和项目组合来实施自己战略目标的能力的方法，还是帮助组织提高市场竞争力的方法。OPM3的目标是"帮助组织通过开发其能力，成功地、可靠地、按计划地选择并交付项目而实现其战略"。OPM3为使用者提供了丰富的知识和自我评估的标准,用以确定组织当前的状态,并制订相应的改进计划。

OPM3 包含 3 个相互关联的要素:知识、评价和改进。它提供了关于组织项目管理和组织项目管理成熟度的知识架构,通过这个架构,组织能够对其当前的项目管理成熟度展开评价,在评价之后,OPM3 会为组织确定一套改进路径实现成熟度的提高。

OPM3 模型是一个三维模型。第一维是项目管理的 3 个层次(项目投资组合管理、组合项目管理、项目管理);第二维是项目管理的 9 大知识领域和 4 个改进梯级,即标准化的、可测量的、可控制的和持续改进的;第三维是项目管理过程组,即启动、策划、实施、控制、收尾。OPM3 中每一种最佳实践在这个三维模型中都占据着至少一个位置,通过模型,使用者可以明确了解自身所擅长或所欠缺的最佳实践处于项目管理哪个过程组的哪个位置,处于哪个层次和项目改善过程的哪个梯级上。

(三)学者的研究

1. 成熟度模型 I

当一个流程达到成熟度级别 N 时,需要采取步骤 N,以达到成熟度级别 N+1。

该模型由四个成熟度级别和一个"预备级别"组成,用于描述未达到任何成熟度级别时的状态。一个级别作为下一个的基础,该模型描述了实现过程管理的自然步骤。

预备级别——业务需求

该级别不是成熟度等级的一部分,因为它不是其他级别的基础。在预备级别阶段,组织以功能为导向,管理层没有流程意识。组织不具备建立流程的必要先决条件。

1 级——意识

在这一层面上,组织(主要是管理层面)已经意识到处理流程的有用性。在这个级别上没有完全建立的流程,但在工作方式上可能存在一些流程影响。

2 级——已建立

在这一层面上,流程在组织中得到了充分的确立。为了使过程可持续,还需要管理层积极主动,切实关注过程,并要求过程产生结果。此外,需要建立维护和更新流程的组织机构和程序。

3 级——改善

在这个级别上,焦点从流程图切换到流程数据。为了改善这一过程,需要全面建立这一过程。否则,就没有稳定的基线可以改善。改进应进一步基于事实,这需要开发以客户为中心的测量和结构化方法来进行改进。除了测量结果，还应制定和建立控制措施。

4 级——适应

为了适应流程，组织需要与客户进行更灵活、更主动、更密切的合作。通过实施统计过程控制，可以更快地对变化做出反应，并以更好的方式调整过程。该流程还应通过与客户更紧密的合作，甚至将客户包括在流程中，从而适应特定的客户要求。这需要每个使用该流程的人高度投入。

2. 成熟度模型 II

成熟度模型不但可以在单一项目中使用，也可以在全组织领域的各个层面全面使用。成熟度模型 II 见表 3-2 所示。

表 3-2 成熟度模型 II

级别	认识	规则	改进	适应
组织的管理	认识管理	主动管理	驱动管理	—
工作方式	跨职能	应用工艺	改进工艺	采用工艺
流程布局	—	清晰	—	—
文档	—	记录	整合	—
过程管理	—	主动管理	驱动管理	—
流程用户	—	接受	使用	驱动
测量	—	测量	改进的测量	控制测量
改进	认识	规则	改进	适应

（四）其他成熟度模型

1. 北京克劳士比管理顾问中心质量管理成熟度模型

北京克劳士比管理顾问中心在克劳士比成熟度方格理论的基础上，分别从质量竞争力评价和组织质量文化现状的分析入手，构建了质量管理成熟度模型，评价要素选择了管理层工作、员工行为、聚焦客户和利益相关方、物化表征、持续改进，并从质量认知—行为—结果三个层次，组合生成"管理—认知"二维模型，建立评价指标体系，根据测评结果得出组织的成熟度水平，比较侧重文化。

2. 麦肯锡质量模型

麦肯锡公司对 167 家企业进行跟踪调查，以考察质量对企业经营的影响，设计了一个四级模型。每个阶段以不合格品率、返工率、过程能力等为特征，同时模型选择了最高管理层参与、质量目标、注重预防、供应商参与等 14 项质量要素。

3. 上海质量管理科学研究院质量管理成熟度模型

上海朱兰质量研究院设计的质量管理成熟度模型,是以企业或项目质量管理的关键要素来评估质量管理的实际水平,关注质量管理能力和增长潜力对于增强企业竞争力的贡献程度。测评的 7 个要素是领导、战略策划、以顾客为中心、信息管理、资源管理、过程管理、质量管理绩效。每个要素又分为几项指标,设计了测评问卷,并采取了加权测算方程的方式:

$$质量成熟度指数 = \Sigma\ 第一个要素$$

应用这个模型,上海质量管理科学研究院针对上海企业的质量管理现状进行了调查,调查的过程中针对企业实际,对评价要素进行了修订,体现了动态改进的原理。

4. IQMM 国际质量成熟度模型

2002 年 4 月,印度 Qimpro 标准组织(QSO)发布了国际质量成熟度模型(International Quality Maturity Model,IQMM)。IQMM 模型由 5 个功能模块组成,并采取了链条式的开放过程模式,模块中下设基于世界级质量管理的 15 个业务要素,形成"功能模块 + 要素"的结构模式。每个业务要素又分为 10 个下层子要素,每个子要素按 1～10 分评分,以得分作为企业自我评估的方法。其目的是将质量集成到企业战略当中,提高企业竞争力。IQMM 采用了类似于卓越绩效准则的结构,注重企业的内在主体性。

5. 质量奖模式

质量管理成熟度模型的另外一种形式是著名的质量奖模式,主要有以下三种。

第一,日本戴明质量奖。是为了纪念美国质量大师爱德华·戴明博士在日本传播质量管理控制和管理理念而设立的。戴明质量奖的评价要素是:领导能力、规划与战略、全面质量管理系统、质量保证系统、经营要素管理系统、人力资源、信息利用等。戴明质量奖作为一种持续改进和进行企业创新和变革的工具,日本企业以申请戴明质量奖作为动力和桥梁,积极推动 TQM 活动,经过几十年的努力逐渐形成了日本企业的竞争力,取得了令世人瞩目的经济奇迹。戴明质量奖每年的获奖企业极少,说明戴明质量奖的标准和要求较高。

第二,美国波多里奇国家质量奖。日本推出戴明质量奖之后,企业与产品在全球大获成功,TQM 迅速向世界各国普及推广。1987 年美国国会签署了"马尔科姆·波多里奇质量改进法案",并设立波多里奇国家质量奖,用以奖励那些在质量和绩效方面取得卓越成绩的企业。"质量"在波多里奇国家质量奖中有了更广泛的含义,因为是针对"管理质量"和"经营质量"的,从而被称为"卓越绩效模式"。美国波多里奇国家质量奖是世界上卓越绩效的典范,适用于制造业、服务业、中小企业、教育机构和公共卫生组织。每年评审一次,评奖标准每两年修改一次，以期让标准适应经济社会的发展，这种持续改进是波多里奇国家质量奖的最大优点。波多里奇国家质量奖总分 1 000 分，并且每个指标都有自己的权重。7 个指标经过加权，结果可以分为五个等级。

第三，欧洲质量奖。借鉴波多里奇国家质量奖的模式，欧洲提出了欧洲质量奖。中国也出台了 GB/T19580《卓越绩效评价准则》，由中国质量协会负责评选全国质量奖，在评价要素选择上结合了本国实际，但模型和方法都与波多里奇国家质量奖类似。德国项目管理协会在欧洲质量奖的基础上进行了改进，成为后来国际卓越绩效模式（EFQM）的模型。

三、成熟度模型对比分析

（一）共同点

1. 层级结构方面

大都借鉴 CMM 模型，采取了四级或五级的层级结构，描述了质量管理从低级到高级的变化模式，几乎每个模型都有一个清晰的从混乱到优化的提高路径。

2. 应用领域方面

几种 QMM 模型分为针对产品质量和组织质量两类，克劳士比、麦肯锡关注的都是产品实现或项目过程的质量，而以质量奖为代表的卓越绩效模式，则关注组织整体的经营质量与管理质量。

（二）不同点

1. 关注点不同

克劳士比和麦肯锡的 QMM 模型关注的是质量管理的阶段性，戴明质量奖关注 TQM 工具在产品实现或项目推进中的应用，波多里奇国家质量奖关注的是质量管理的先进性。

2. 评价要素不同

评价目标的不同导致评价要素选择上有所不同。

3. 分析手段不同

在几种 QMM 模型中，克劳士比方格主要是定性分析，其他几种模型都是采取了定性和定量分析相结合的方式。

4. 运作情况不同

克劳士比方格、麦肯锡模型、IQMM 都没有得到充分的应用和推广，而CMM 在软件开发行业得到了广泛的应用，并成了后来诸多成熟度模型的基础。同为质量奖评奖活动，日本的戴明质量奖是最早也是应用非常成功的案例，美国的波多里奇国家质量奖则开创了卓越绩效的评价模式，成为后来一系列卓越绩效评价准则的典范。

国外关于 QMM 的研究存在的不足主要体现在针对产品质量的成熟度模型定性分析较多，定量分析相对较少；而针对组织经营绩效的卓越绩效模型，则过于关注经营结果，对产品质量与过程质量关注不足。

国内应用国标 GB/T19580《卓越绩效评价准则》的评奖工作，并没有取得理想的效果和预期的作用与影响力。

第五节 平衡计分卡绩效模型

一、什么是平衡计分卡

1990 年初，毕马威的研究机构诺兰诺顿研究所赞助了一项题为"衡量未来组织的绩效"的研究。诺兰·诺顿首席执行官戴维·诺顿担任研究负责人，罗伯特·卡普兰担任学术顾问。在对 12 家公司进行了为期一年的研究后，研究小组提出了一个名为"平衡计分卡"的综合框架，其中一个组织的使命和战略目标可以转化为一套绩效衡量标准[1]。平衡计分卡框架的目的是让管理者对业务有一个全面的了解，让他们能够专注于关键领域，推动组织的战略向前发展。平衡计分卡以财务目标作为衡量系统运行状况的标准。多年来，有许多大型组织使用平衡计分卡或类似计分卡的其他模型作为绩效衡量方法和绩效驱动因素[2]。平衡计分卡在高等教育中应用的潜力也是巨大的。

平衡计分卡的目的是帮助沟通和实施组织的战略。因此，平衡计分卡是一个包含为帮助公司实现其关键成功因素而选择的一套财务和非财务措施，这些因素在公司的战略愿景中进行了描述。卡普兰和诺顿引入了三个额外的计量类别，突出了非财务方面，以对抗传统上对隐性短期利润主义（财务方面）的强调。卡普兰和诺顿认为这三个额外的问题类别是衡量公司未来业绩驱动因素的一系列指标，而财务角度则代表过去的业绩。平衡计分卡框架包括四个主要方面：财务、客户、内部业务流程以及学习和增长。然而，卡普兰和诺顿（1993）在《哈佛商业评论》(*Harvard Business Review*) 的一篇文章中称[3]，每家公司都需要开发自己的绩效记分卡（包含一套衡量标准），以提高其自身利益相关者判断的

---

[1] KAPLAN R S ,NORTON D P .Using the Balanced Scorecard as a strategic management system [J] . Harvard Business Review,1996,74(1):75-85.
[2] OLVE N,ROY J,WETTER M etal.Performance Drivers: A Practical Guide to Using the Balanced Scorecard[M].NewYorK:John Wiley and Sons, 1999.
[3] KAPLAN R S, NORTON D P. Putting the Balanced Scorecard to work[J].Harvard Business Review, 1993,71.

业务绩效。

平衡计分卡不是普适性的模板。不同的市场情况、产品战略和竞争环境需要不同的计分卡。业务部门设计定制的计分卡，以适应其使命、战略、技术和文化。事实上，对记分卡成功与否的一个关键测试是它的透明度，根据 15 到 20 个计分卡指标，观察者应该能够看透业务部门的竞争战略[1]。

这意味着一个组织可以有多于或少于三个额外类别，因为每一个额外类别都源自公司的关键绩效驱动因素。

平衡计分卡强调，财务和非财务措施必须成为组织各级员工信息系统的一部分。计分卡应将业务部门的任务和战略转化为具体的目标和措施。此外，这些措施不仅在外部措施的股东和客户与内部措施的关键业务流程、创新、学习和增长之间取得平衡，而且在结果措施与未来改进的驱动措施之间取得平衡。计分卡使用措施来沟通并告知员工当前和未来成功的驱动因素[2]。

平衡计分卡的一个主要优点是它强调将绩效衡量与业务部门战略联系起来。还引入了一个框架，将计分卡与战略管理联系起来，即所谓的"战略行动框架"。它由以下四个具体过程组成[3]。

• 阐明并翻译愿景和战略。
• 沟通并联系战略目标和措施。
• 规划、设定目标并协调战略举措。
• 加强战略反馈和学习。

二、平衡计分卡在高等教育中的应用

平衡计分卡的一种改编形式是马尔科姆·鲍德里奇国家质量奖项目（2003年）的一个组成部分。该计划是马尔科姆·鲍德里奇国家质量改进法案（1987）的实施工具。该项目的主要目标是帮助美国企业提高其在全球市场上的竞争力，方法是确定模范组织，认可它们，并在美国各地传播它们的最佳实践经验。

马尔科姆·鲍德里奇国家质量奖项目在调整了商业标准并确立了绩效教育标准后，获得了第一个教育奖。威斯康星大学是首批三名受试者之一。

马尔科姆·鲍德里奇国家质量奖项目（2003 年），"教育卓越绩效标准"旨在帮助组织采用综合的绩效管理方法，结果是①向学生和利益相关者提供不断

---

[1] KAPLAN R S ,NORTON D P .Putting the Balanced Scorecard to work[J]. Harvard Business Review, ,1993,71(5):134-142.
[2] KAPLAN R S,NORTON O P. The Balanced Scorecard-Translating Strategy into Action,[M]. Boston:Harvard Business School Press，1996.
[3] KAPLAN R S,NORTON O P. The Balanced Scorecard-Translating Strategy into Action,[M]. Boston:Harvard Business School Press，1996，71（5）：134-142.

提高的价值，这有助于提高教育质量和组织稳定性；②提高整体组织效能和能力；③组织和个人学习。该标准高度重视与平衡计分卡一致的综合测量系统的开发。

马尔科姆·鲍德里奇国家质量奖项目（2003）确定了11个核心价值观和概念，这些价值观和概念构成了卓越教育绩效的哲学基础，包括远见卓识的领导力；以学习为中心的教育；组织和个人学习；重视教师、员工和合作伙伴；敏捷性；着眼未来；管理创新；事实管理；社会责任；注重结果，创造价值；有系统的观点。

马尔科姆·鲍德里奇国家质量奖项目（2003）的核心价值观和理念体现在七个方面，包括领导力；战略规划；关注学生、利益相关者和市场；测量、分析和知识管理；关注教职员工；过程管理以及组织绩效结果。

这七个类别中的每一个都包含一组要求，一个组织应该在其自我评估过程中解决这些要求。例如，在"组织绩效结果"类别中，组织必须指定前六个类别的方法产生的以下结果：

• 学生学习结果应基于各种评估方法，并反映组织的总体任务和改进目标，以代表对学生学习的整体评估（客户需求）。

• 以学生和利益相关者为中心的结果应包括对特定教育计划和服务功能、交付、互动和交易的满意度测量，影响学生发展和学习以及学生和利益相关者未来行动的交易（客户视角）。

• 预算、财务和市场结果应包括教学和每个学生的一般行政支出、学费和专业服务收费水平、每个学分的成本、从其他领域转向教育的资源，以及奖学金增长（财务角度）。

• 教职员工的成绩应包括创新和建议率、完成的课程或教育计划、学习、在职表现改进、培训率、协作和团队合作、跨工作职能部门分享知识和技能、员工福利、满意度（学习和成长视角）。

• 组织有效性结果，包括关键的内部运营绩效指标，如改善学生表现和学生发展、教育氛围，对学生或利益相关者需求的响应指标，供应商和合作伙伴的表现，组织战略的关键措施或完成指标，以及行动计划（内部业务流程视角）。

• 治理和社会责任的结果应包括内部和外部财政问责、道德行为和利益相关者对组织治理、监管和法律合规的信任的衡量或指标，以及组织公民意识（治理和社会责任视角）。

第六节　质量模型的比较研究

一、全面质量管理模型、EFQM卓越模型、ISO9000质量管理体系、平衡计分卡绩效模型的比较

全面质量管理模型与EFQM卓越模型、ISO9000系列标准既有区别又有联系，而且联系大于区别。例如：都重视领导在战略策划和激励教职工中的作用；认为组织的质量管理需要进行战略策划；依据过程进行控制，根据事实进行决策；组织的教育质量管理离不开组织全体成员的参与；坚持持续改进，以提升内外顾客的满意度和获得利益的持续增长；重视发展组织与家长、社会和政府的合作关系；对影响组织教育质量的所有要素进行系统管理；结果导向等[1]。

（一）全面质量管理模型与EFQM卓越模型的比较

商业界最早出现的模型是所谓的全面质量管理模型。全面质量管理（TQM）原则是开发卓越模型的支柱。分析TQM维度与EFQM使能因素的对应关系，可以找到一些相似之处。

• 高层管理人员支持的内容与领导的内容类似。领导者个人参与的需求是常见的，支持持续改进的需求也是常见的。然而，EFQM不包括"质量"一词，也不包括应用激励员工的方法的必要性。此外，全面质量管理模型并不意味着需要定义组织的愿景和使命，也不涉及社会责任问题。

• 客户关系的内容包括在战略和流程、产品和服务的内容中。战略包括了解客户需求的重要性。流程、产品和服务也包括这一要素，以及与客户保持密切联系的需要。

• 产品设计的内容部分包含在过程、产品和服务的内容中。这两种模型都强调了根据客户需求设计产品和服务的必要性，以及与尽可能多的员工进行团队合作的必要性。然而，术语"质量"并不是EFQM的促成因素。

• 供应商关系的内容部分包含在合作关系和资源的内容中。EFQM使能因素包括供应商在内的所有利益相关者建立合作关系的一般需求。然而，它没有具体说明如何定义这些合作关系，也没有包括全面质量管理要素，如长期关系的需要或对质量的关注。此外，伙伴关系和资源使能因素还包括如何管理财务和物质资

---

[1] 薛海平．两种欧美教育质量管理模型的比较研究[J]．南京社会科学，2006(2)：112-118.

源，这些都与全面质量管理无关。

•劳动力的内容包括在人的内容中。这两种元素最为相似。人力资源使能机制包括关注工作团队、良好的沟通、培训和激励，这是构建员工队伍的基本要素。这一促成因素还包括一些与全面质量管理无关的因素，如关心社会责任的动机，但这些因素在人的总权重中的比例较低。

（二）全面质量管理模型与ISO9000质量管理体系的比较

1. 差异点

（1）两者的起源不同

全面质量管理起源于美国，在日本得到了充分的完善和发展。而ISO9000族标准是在西欧（主要是英国、德国）质量管理思想和基础上制定的。

（2）两者的侧重点不同

全面质量管理活动比较注重人的因素，许多内容都是从易于操作的角度提出的。例如，全面质量管理把QC小组活动作为主要的基础工作来抓，用"始于教育、终于教育"的思路，强调不断提高人的素质，这些都说明全面质量管理是把人的因素放在首要位置。而ISO9000族标准对人的因素考虑较少，主要侧重点是完善组织、落实职责、确定程序、编写文件等技术问题，把人仅作为资源的一部分，仅强调上岗培训和激励人员。

（3）两者的适用范围不同

全面质量管理主要的工作就是围绕对产品生产的质量控制、交货期、售后服务等方面开展质量管理活动，它主要是适应在"非合同环境"下针对产品的质量管理活动，也就是企业内部的质量管理。而ISO9000族标准既可适用于"非合同环境"下的质量保证要求，也可适用"合同环境"下的质量保证要求。ISO9000族标准不仅适用于通常所讲的"硬件"产品，也可以满足软件、流程性材料、服务等有形产品和无形产品的质量体系要求。

2. 相似点

（1）两者的目的相同

不论是全面质量管理，还是ISO9000族标准，其最终目的都是通过对影响产品质量各个方面的控制，特别是对特殊工序的控制，达到稳定产品质量，为用户提供满意的产品及良好的售后服务。

（2）相似的质量管理原理

全面质量管理遵循"戴明循环"，即"计划、实施、检查、处理"四个阶段的循环方式，简称"PDCA循环"。ISO9000族标准则用"计划、控制、保证、改进"四个阶段的循环，简称"PCAL循环"。

（三）EFQM卓越模型与平衡计分卡绩效模型的比较

1. 相同点

这两个模型都包含几个专注于特定领域的关键目标，即EFQM卓越模型的九个标准和平衡计分卡绩效模型的四个通用视角。EFQM卓越模型并未针对希望实施成功奖励评估模型或通过自我评估实现持续改进的组织制订计划或战略。平衡计分卡提供了一个"战略地图"，该地图的创建是为了帮助管理者在两个目标之间建立因果逻辑映射措施和战略成果。这两种方法都不要求管理者或用户设定目标绩效水平，但是这些模型可以作为非规范性的框架为用户提供一个方便的工具，帮助他们设定自己的目标性能水平。然而，这两种方法都要求组织给予激励性薪酬，尽管它们似乎没有提供将薪酬体系与绩效衡量体系成功联系起来的详细信息。只有平衡计分卡绩效模型表明，激励薪酬应与战略措施挂钩。关于反馈，两种方法都认为评估后的反馈信息很重要，然而，平衡计分卡绩效模型要求应用"双循环"学习来处理战略反馈信息。

2. 不同点

首先，EFQM卓越模型中的关键目标是基于全面质量管理原则分配的，而在计分卡方法中，关键目标是基于期望的企业战略。在这一点上，平衡计分卡绩效模型被认为比EFQM卓越模式更灵活。例如，管理层可以使用平衡计分卡绩效模型，通过将全面质量管理原则设定为业务单元战略来衡量业务单元。拉塞勒斯和皮科克从全面质量管理原则出发研究了平衡计分卡绩效模型[1]。他们建议使用计分卡促进EFQM卓越模型结果标准的进展，即人员满意度、客户满意度、对社会的影响和业务结果。

其次，由于EFQM卓越模型设计用于奖励评估框架，它"通常作为一个大框架应用于一个组织"的范围更广，但在所有方面都更具规范性（关键目标和全面质量管理原则）。另外，平衡计分卡绩效模型更适合应用于组织的特定领域或职能部门。二者都要求用户选择一组适当的指标来实现它们。EFQM卓越模型和平衡计分卡绩效模型都提供了具体的框架，使公司能够对其管理流程建立清晰的愿景，并专注于改善其长期绩效。

二、不同质量模型之间的融合运用

为达到最佳质量保证目标，不同质量模型可以融合运用，如全面质量管理模型和EFQM卓越模型的融合、平衡计分卡绩效模型和EFQM卓越模型的融合等。

---

[1] LASCELLES D, PEACOCK R. Self-Assessment for Business Excellence?[M].UK:Berkshire, McGraw-Hill,1996.

（一）全面质量管理模型和 EFQM 卓越模型的融合

为了达到组织目标，全面质量管理模型和 EFQM 卓越模型的融合有"前段质量""中段质量""后段质量"三种范式。第一，"后段质量"范式是侧重于将全面质量管理模型融入组织文化、人力资源和价值观的方式。这种范式包含了围绕软（社会）因素的强烈主观成分。第二，"前段质量"范式，其目标是硬（可量化和有形）方面，如可靠性、成本和过程控制。第三，"中段质量"范式试图整合全面质量管理的软方面和硬方面。

（二）平衡计分卡绩效模型和 EFQM 卓越模型的融合

从管理控制理论的角度来看，平衡计分卡和 EFQM 是两个不同的概念。平衡计分卡支持明确关注战略，并作为其他绩效计划（如 EFQM）的平台。该模型具有动态设计，因为绩效评估标准和指标的选择都不是预先确定的。EFQM 是规定性的，基于静态设计。它由一系列标准和战略目标组成。EFQM 和平衡计分卡是互补的工具，平衡计分卡的优点同时也是 EFQM 的缺点，反之亦然，而且只有将两者结合起来，组织才能使用正确的指标。将两者结合时需要注意以下几点：战略应该从平衡计分卡的四个角度来制定；战略目标必须与环境保持一致（EFQM 基准）；每个战略目标都应该至少制定一个关键绩效指标；关键绩效指标必须向下级连接到较低的管理层；除设定关键绩效指标外，管理层还应选择奖励和激励目标；必须定期对组织绩效进行基准测试，并根据最佳实践重新评估和调整战略。

（三）成熟度模型与 EFQM 卓越模型的融合

EFQM 卓越模型包含卓越组织的八个基本概念，其中一个概念是通过流程进行管理的。优秀的组织通过结构化和战略一致的流程进行管理，使用基于事实的决策来创造平衡和持续的结果。成熟度模型将组织当前实践的成熟度与行业标准进行比较。帮助组织制定优先事项，以使用经过验证的战略改进其产品/服务运营，并开发执行其业务战略所需的能力。通过成熟度模型，一个组织可以高效地管理其业务流程，同时努力实现其业务目标和价值。

第七节 本科层次职业院校内部质量保证体系框架

2019年本科层次职业院校试点工作开展伊始，在取得成绩的同时也显现出矛盾，其中质量是最为突出的问题，也成为教育行政部门、试点院校和社会各界关注的焦点问题。质量是本科层次职业院校的生命线，决定着本科职业教育的发展和前途。建立和完善本科职业教育保证体系对促进本科职业教育健康持续发展极为迫切，也是教育行政部门和试点院校所面临的重要任务。

从我国本科职业教育质量保证的现状看，教育部对本科职业教育的重要环节已下发学校设置标准、专业设置管理办法、专业目录、学位授予、学校评估标准等规范性制度和政策文件，专业教学标准、专业简介等也将很快颁布。试点院校也设计并实施了内部质量保证体系。但总体来看，具有发展性、系统性的本科层次职业院校内部质量保证体系还需要进一步完善。

构建本科层次职业院校内部质量保证体系，首先是要探寻出影响本科层次职业教育教学活动的基本环节或要素，构建出内部质量保证体系的框架，以此作为质量标准的骨架。

一、"五纵五横一平台"内部质量保证体系框架

2015年，全国职业院校教学工作诊断与改进专家委员会将企业诊断学、目标管理、零缺陷思维、知识管理等理论引入实践中，提出了多元主体质量治理的"诊断与改进"工作模式。该模式以纵向5个系统为骨架，横向5个层面为主体，以"8"字形螺旋为运行单元，形成了"五纵五横"网络化联动结构、"8"字形螺旋基本运行单元、"双引擎"（文化、机制）常态化动力机制、"一平台"智能化技术支撑的"55821"职业院校内部质量保证理论体系。按照"质量归根结底靠自身保证"的理念，以打造院校发展、人才培养"目标链、标准链"为诊改逻辑起点，做实目标的质量标准；借助信息技术实现源头数据即时采集、过程实时监测预警与分析，构建学校、专业、课程、教师和学生五个层面适时诊改的常态化内部质量自主保证运行模式。该模式可通过岗位激励、认可激励、考核激励、成长激励等激发质量生成活力，塑造质量精神和质量文化[①]。

---

① 杨应崧，袁洪志. 职业院校内部质量保证体系运行基本单元探析 [J]. 江苏高职教育，2020(4)：21-26.

二、ASIIN 系统认证框架

德国 ASIIN 的系统认证方法基于教育机构的成熟度模型，ASIIN 系统认证有 4 个审查领域，每个领域包括机构、程序、文化 3 方面的一系列问题，每个方面又分为 5 个维度（0—5），见表 3-3 所示。

表 3-3 ASIIN 系统认证审查领域

一级指标	二级指标
质量的定义	1. 目标；2.（质量）管理体系/治理
教育计划/课程/培训	1. 计划/课程/培训的创建和开发；2. 计划/课程/培训的实施；3. 合作；4. 考试制度和考试组织；5. 对成就的认可；6. 援助和支持
资源管理	1. 物质和人力资源；2. 人力资源开发；3. 与研究的互动；4. 与行政部门的互动
透明度和文件	1. 课程/课程/培训的规章制度；2. 文件

三、HLC 学校认证框架

美国高等教育委员会（HLC）（前身为中北部院校协会）是美国规模最大、历史最长的协会，其学校认证特色，在美国高等学校认证中具有代表性。整体来看认证体系基于 ISO9000：2015，围绕学校使命达成，制定了明确的标准体系，重视持续改进。

其一级指标包括：使命；道德和负责任的行为；质量、资源与支持；评价与改进；机构效力、资源和规划。

四、"五纵五横一平台"、ASIIN 系统认证框架、HLC 学校认证框架比较研究

高校内部质量保证体系建设既有广度问题，又有深度问题。内部质量保证体系要求无论是从教学、管理、服务三条主线出发，还是从学校、政府、行业、用人单位、学生及家长、社会机构等多元主体出发，抑或从进口到出口人才培养的全过程出发，院校质量治理的框架应该涵盖全员、全过程、全方位各层面的"全覆盖"，做到不留质量管理体系顶层设计层面的"真空"与"缺失"。这是内部质量保证体系的广度问题。全国职业院校教学工作诊断与改进专家委员会提倡的"五纵五横一平台"内部质量保证体系基本做到了全覆盖，而且具有较好的包容性。比如在"五纵五横一平台"，虽然未提到专业建设与研究的互动，与行政部门的互动，却可以把这两条纳入支持系统。我国已经建立了具有世界水平、中国特色的内部质量保证体系框架，但是与 ASIIN 系统认证制度框架相比，我国"五纵五横一平台"还需要在质量保证的深度上进行提升，只有在深度上进行提升，质量保证才更有针对性。

五、本科层次职业大学内部质量保证体系框架

内部质量保证体系建设不是将原有内部质量保证体系全面推翻，而是将新元素纳入原有内部质量保证体系之中。从框架看，原有"五纵五横一平台"确有特色，应该保留。但是从本科层次职业院校建设面临问题来看，"五纵五横一平台"框架还需要进行升级完善。

（一）内部质量保证体系框架模型升级

"文化、机制""双引擎"建设是高职内部质量保证体系建设诊改工作的动力机制，但是在实践中却未能像"目标链、标准链"那样引起诊改试点院校的重视，就从试点院校建设方案来看也缺乏足够的措施对"文化、机制"建设情况进行评价。这牵扯到"五纵五横一平台"建设的模型问题，"五纵五横一平台"主要建设在全面质量管理模型之上，体现了内部质量保证体系建设广度问题，却未能解决深度问题。因此，将成熟度模型与全面质量管理模型融合，能够突出"文化、机制"引擎在内部质量保证体系中的作用。

（二）内部质量保证体系框架"骨架"升级

"五纵五横一平台"主体是以学校、专业、课程、教师和学生五个纵向为骨架。升本后，国家相关政策对本科层次职业技术大学教学提出了新要求。教育部《本科层次职业学校本科教学工作合格评估指标和基本要求》有党的领导与办学定位；专业、课程与教材；师资队伍；质量管理；职业培训与技术服务；教学质量等六个一级指标，将其与"五纵五横一平台"对照，合格评估对职业培训与技术服务、质量管理提出了新的要求，应加入"骨架"之中。

教育研究是提升本科层次职业教育教学质量的重要环节。首先，教学诊改工作本身就是一个发现问题和解决问题的过程。教学诊改是一种质量保证措施，是教学管理的一项重要职能。诊改最基本的方法就是通过与标准的比较，发现教学中的问题，并进行改进。这一过程与科研工作异曲同工，区别只是问题的范围和难易程度有所不同。其次，本科层次职业技术大学教学中还有许多问题尚未解决，只有通过教学研究才能发现规律，保持职业本科类型特色，提高教育教学质量，因此教育研究也应纳入"骨架"之中。

《职业教育提质培优行动计划（2020—2023年）》明确提出，支持符合条件的中国特色高水平高职学校建设单位试办职业教育本科专业。国际合作是这些院校和专业重要考核指标之一，因此这些院校升本后，国际合作也应纳入"骨架"之中。

（三）本科层次职业院校内部质量保证体系框架构建

本研究构建的本科层次职业院校内部质量保证框架是由"学校、质量保证、教育研究、技术开发和职业培训、国际合作、师资队伍建设、专业、课程、个人"构成"九纵"为 x 轴，"决策智慧系统、质量生成系统、资源建设系统、支持服务系统、监督控制系统"为 y 轴，"机构、程序、文化"为 z 轴的立方体。

框架中，机构包括组织设置、结构和/或材料和人力资源（静态要求），程序包括将单纯的输入转化为预期结果的所有方法，文化包括指导大多数行动的主导价值三个层次，并在每个层次设置 0—4 等 5 个维度，其中 0 = 不存在、1 = 已定义、2 = 已实施、3 = 建立和控制、4 = 预测性和前瞻性（已提出最佳实践/理想解决方案），为本科层次职业院校内部质量保证体系"文化、机制"引擎建设提供了抓手。同时框架保留原有"8"字形螺旋基本运行单元。

第四章 本科层次职业院校内部质量保证体系标准建设

2021年，教育部先后颁发了《本科层次职业教育专业设置管理办法（试行）》《本科层次职业学校设置标准（试行）》《职业教育专业目录（2021年）》《本科层次职业学校本科教学工作合格评估指标和基本要求（试行）》四份文件，规范了职业本科发展，也是本科层次职业院校内部质量保证体系标准制定的基础。

第一节 《本科层次职业教育专业设置管理办法（试行）》相关要求

一、背景

面对新时代产业数智化转型需要高层次技术技能人才作为支撑等新问题，国务院印发《国家职业教育改革实施方案》、教育部等九部门印发《职业教育提质培优行动计划（2020—2023年）》，将开展本科层次职业教育试点作为体现职业教育类型特点的重要任务，健全纵向贯通、横向融通的中国特色现代职业教育体系的重要环节。2019年以来，教育部先后公布23所本科层次职业教育试点学校和4所独立学院专设的本科层次职业学校，组织论证形成涉及16个专业大类的80个试点专业，2020年，又对职业教育专业目录进行一体化修（制）订。同时，对本科层次职业教育专业设置、教学实施加强指导，试点工作稳步推进。研制本科层次职业教育专业设置办法，是完善职业教育国家教学标准体系、系统加强专业建设、科学有效引导预期、保证本科层次职业教育试点行稳致远的基础性工作。

《本科层次职业教育专业设置管理办法（试行）》（以下简称《办法》）坚持"三个高、两个衔接、三个不变"的总体思路。"三个高"，即本科层次职业教育是职业教育的高层次，高起点、高标准建设一批专业，通过长学制培养，为产转型升级提供高层次、高水平技术技能人才支撑。"两个衔接",即注重与中职和高职专科专业设置管理办法的衔接,注重与本科层次职业学校设置标准和有关评估方案的衔接。"三个不变",即在办学方向上坚持职业教育类型不变,在培养定位上坚持技术技能人才不变,在培养模式上坚持产教融合、校企合作不变。

二、主要内容

《办法》共分为总则、专业设置条件与要求、专业设置程序、专业设置指导与监督、附则等5章21条。第一章"总则"提出出台《办法》的目的和依据,明确了基本原则、专业目录管理以及各级教育行政部门和高校的职责。第二章"专业设置条件与要求"提出专业设置依据、论证要求,以及包括师资队伍水平、专业人才培养方案、基本办学条件、技术研发与社会服务、社会声誉等设置条件。第三章"专业设置程序"规定专业设置的基本程序,明确了相关备案要求和备案所提交的论证材料。第四章"专业设置指导与监督"明确建立健全专业设置、预警和调整机制、落实相应主体责任、加强阶段性评价与周期性评估监测等。第五章"附则"明确《办法》的解释权和施行时间。

《办法》对本科层次职业学校专业设置突出了"高起点、高层次、高要求"。高起点是指本科层次职业院校专业设置条件不低于普通本科专业,基本条件突出"双师型"教师、工学结合等类型教育要求,成果性指标体现近年来职业教育领域重大改革导向,均为公信力高且在较长时期内保持稳定的工作。严格规范程序,积极稳慎推进,确保让有基础、有能力的专业办本科层次职业教育专业。高层次是指专业布点主动服务产业基础高级化、产业链现代化,培养解决复杂问题、进行复杂操作、确需长学制培养的高层次技术技能人才,主要从事科技成果、实验成果转化,生产加工中高端产品、提供中高端服务,服务经济高质量发展。高要求是指坚持依法行政、放管结合。加强管理,明确专业设置的具体规则、操作路径等刚性要求,有序推进、规范管理,避免一哄而上,对符合条件的高等职业学校(专科)在本科层次职业教育专业设置数和学生数方面明确要求,强化事中事后监管和服务。

《办法》对专业设置条件进行了细化,对定性定量相结合设置了具体指标,充分体现了类型教育特点。比如,在师资队伍方面,强化教师"双师"素质,对"双师型"教师占比、行业企业一线的兼职教师承担专业课教学任务授课课时比例明确提出要求。《办法》要求"全校师生比不低于1∶18;所依托专业专任教师与该专业全日制在校生人数之比不低于1∶20,高级职称专任教师比例不低于30%,具有研究生学位专任教师比例不低于50%,具有博士研究生学位专任教师比例不低于15%""本专业的专任教师中,'双师型'教师占比不低于50%。

来自行业企业一线的兼职教师占一定比例并有实质性专业教学任务，其所承担的专业课教学任务授课课时一般不少于专业课总课时的 20%""有省级及以上教育行政部门等认定的高水平教师教学（科研）创新团队，或省级及以上教学名师、高层次人才担任专业带头人，或专业教师获省级及以上教学领域有关奖励两项以上"。在校企合作方面，强化与现行相关政策协同，围绕产教融合型企业、现代学徒制等明确提出要求。在教学管理方面，强化实践性教学，对实训基地、实践教学比例等明确提出要求。《办法》要求"实践教学课时占总课时的比例不低于50%，实验实训项目（任务）开出率达到 100%""专业生均教学科研仪器设备值原则上不低于 1 万元""专业面向行业企业和社会开展职业培训人次每年不少于本专业在校生人数的 2 倍"。

第二节 《本科层次职业学校设置标准（试行）》相关要求

继《办法》之后，教育部印发了《本科层次职业学校设置标准（试行）》，使得职业教育类型特色更加鲜明。《本科层次职业学校设置标准（试行）》对办学定位、治理水平、办学规模、专业设置、师资队伍、人才培养、科研与社会服务、基础设施、办学经费提出了定性与定量规定，如"对接国家和区域主导产业、支柱产业和战略性新兴产业设置专业，有 3 个以上专业群，原则上每个专业群含 3~5 个专业，建有专业随产业发展动态调整机制，专业（群）结构总体合理""近 5 年横向技术服务与培训年均到账经费 1 000 万元以上"。

第三节 《职业教育专业目录（2021 年）》相关要求

《职业教育专业目录（2021 年）》对中职、高职专科、高职本科进行了一体化设计，体现融通贯通理念：职业教育"中高本"各层次之间，同类专业之间纵向贯通、横向融通，面向职业岗位群逐层提升，培养目标和规格逐层递进，人才定位有机衔接。职业本科专业建设应根据以上要求，按照"中高本"贯通原则设计培养目标和规格，保证本科职业教育与产业链对接，畅通职业教育人才培养通道，促使学生可以顺畅、无重复地实现从低一层次向高一层次过渡，同时有利于系统培养高质量的技术技能人才，实现终身教育理念下学生可持续发展。[①]

---

① 龚方红，唐立平，吴慧媛. 把握四新要义 推进专业数字化升级——《职业教育专业目录（2021 年）》装备制造大类解析 [J]. 中国职业技术教育，2021(14)：5-10.

第四节 《本科层次职业学校本科教学工作合格评估指标和基本要求（试行）》要求

为深入贯彻习近平新时代中国特色社会主义思想和全国教育大会精神，落实《深化新时代教育评价改革总体方案》《关于深化新时代教育督导体制机制改革的意见》《国家职业教育改革实施方案》《关于推动现代职业教育高质量发展的意见》等系列文件要求，探索本科院校分类评估体系，引导高校合理定位、办出水平、办出特色，全面提高人才培养能力，稳步发展职业本科教育，教育部研究制定了《本科层次职业学校本科教学工作合格评估指标和基本要求（试行）》（以下简称《评估指标》）。

《评估指标》包括党的领导与办学定位；专业、课程与教材建设；师资队伍；教学条件与利用；质量管理；学风建设与学生指导；职业培训与技术技能积累；教学质量等一级指标。将一级指标、二级指标与《普通高等学校本科教学工作合格评估指标和基本要求》（2018年修订版）一级、二级指标相对比，可以发现基本一致，但是《评估指标》一级指标增加了职业培训与技术技能积累，二级指标增加了教材、教法、校企"双元"育人、劳动教育内容。《评估指标》凸显了本科层次职业教育与普通本科教育是同层次不同类型的教育（见表4-1所示）。

表4-1 本科层次职业技术大学与普通本科教学工作合格评估指标比较表

本科层次职业技术大学			普通本科		
一级指标	二级指标	观测点	一级指标	二级指标	观测点
党的领导与办学定位	党的领导	党的建设、学校治理	办学思路与领导作用	学校定位	学校定位于规划
^	办学定位	学校定位与规划、办学特色	^	领导作用	领导能力、教学中心地位
^	人才培养定位	人才培养目标、人才培养思路、人才培养中心地位	^	人才培养模式	人才培养思路、产学研合作教育

续表

本科层次职业技术大学			普通本科		
专业、课程与教材建设	专业建设	专业设置与结构调整、人才培养方案	教师队伍	数量与结构	生师比、队伍结构
^	课程与教学	课程资源建设、教学方法与教学评价	^	教育教学水平	师德水平、教学水平
^	实践教学	实验实训、专业实习、毕业设计（论文）	^	培养培训	培养培训
^	教材建设	教材选用与质量、教材编写与保障	教学条件与利用	教学基本设施	实验室、实习场所建设与利用；图书资料和校园网建设与利用；校舍、运动场所、活动场所及设施建设与利用
^	校企"双元"育人	校企"双元"育人	^	经费投入	教学经费投入
师资队伍	数量与结构	教师数量和师生比、队伍结构、专业带头人与团队建设	专业与课程建设	专业建设	专业设置与结构调整、培养方案
^	教育教学水平	师德师风、教学水平	^	课程与教学	教学内容与课程资源建设、课堂教学与学习评价
^	培养培训	培养培训	^	实践教学	实验教学、实习实训、社会实践、毕业论文（设计）与综合训练
教学条件与利用	教学基本条件	校舍、运动场所、活动场所、教学科研设备、图书资料、信息化	质量管理	教学管理队伍	结构与素质
^	经费保障	教学经费投入	^	质量监控	规章制度、质量控制
质量管理	教学管理队伍	结构与素质	学风建设与学生指导	学风建设	政策与措施、学习氛围、校园文化活动
^	质量监控与保障	规章制度、质量监控	^	指导与服务	组织保障、学生服务

续表

本科层次职业技术大学			普通本科		
学风建设与学生指导	学风建设	制度与措施、学习氛围、校园文化	教学质量	德育	思想政治教育、思想品德
	指导与服务	组织保障、学生服务		专业知识和能力	专业基本理论与技能、专业能力
职业培训与技术技能积累	职业培训	职业技能培训		体育美育	体育和美育
	技术技能累积	技术技能累积		校内外评价	师生评价、社会评价
教学质量	德育	思想政治教育、思想品德		就业	就业率、就业质量
	专业能力和技术技能	专业能力、技术技能	—		
	体育、美育和劳动教育	体育、美育和劳动教育			
	校内外评价	评价机制、师生评价、社会评价			
	就业	毕业生去向落实率、就业质量			

第五节　本科层次职业技术大学内部质量保证体系标准

本研究设计的本科层次职业技术大学内部质量保证体系标准，对标教育部《评估指标》系列文件要求，融合国际工程技术教育内部质量保证理念，在本科层次职业院校内部质量保证框架下，建立了"问题系统"，形成了"诊断思维路径"。

一、学校战略

（一）决策指挥系统

1.机构

学校战略决策指挥系统由哪些部门及人员组成？有哪些职责？谁负责，谁参与，谁被告知？在加强党的全面领导方面有什么优势，如何进一步加强？校企合作产教融合方面有什么优势，如何进一步加强？在优化治理方面有什么优势，如何进一步加强？在不久的将来，计划对学校战略指挥组织结构进行哪些改变，为什么？

面向本科层次职业院校要适应高端产业和产业高端，服务产业基础高级化、产业链现代化，培养现代生产、建设、管理、服务一线高层次技术技能人才的办学要求，哪些战略目标反映了学校现在的办学优势和类型特色？哪些反映了面向未来的办学目标和类型特色？这些战略目标是否符合行业企业、学生、举办方等其他相关利益者的要求？如果冲突，如何解决？这些目标中哪些优先级高，哪些优先级较低？实现教学战略目标最大的挑战是什么？

2. 程序

开发、实施和定期审查这些战略目标的过程和方法是什么？有哪些方法需要修改？有哪些程序需要修改，为什么？

3. 文化

哪些价值观和行为模式对学校战略目标保持类型特色的影响最大？

哪些目标对内部利益相关者特别重要？学校内的哪些群体与哪些目标特别相关？学校内的一些利益相关者拒绝了哪些目标？当内部利益相关者之间讨论学校战略目标出现不同意见时存在哪些可能性？

（二）质量生成系统

1. 机构

在实施战略目标的过程中，学校在组织机构、财务、物资和人力资源方面有哪些优势支持战略目标高标准、高质量实施？有哪些劣势？如何改进？

为了更好地实施战略目标，在专家治校、产教融合、校企合作、学生参与学校治理等方面已经做了哪些工作？还需要进一步开展、完善什么工作？为什么？

在保证以教学为中心的工作中，还存在什么问题？如何改进？

2. 程序

实施学校战略目标的哪些程序运行良好？哪些需要责任方改进？

如何进一步加强学校战略决策层在战略目标生成中的作用？

3. 文化

在高质量、高标准落实战略目标实施中，不同机构、单位之间是如何合作的？是否存在典型冲突以及如何处理？

参与战略实施的所有利益相关者是否提供了预期的投入？如果没有达到预期，原因是什么？

以教学为中心的学校文化，是否为包括行业企业等不同利益团体接受？如果存在冲突，如何处理？

（三）资源建设系统

1. 财务、实践教学条件、人力资源管理

（1）机构

学校的师资队伍、教学基本条件、教学经费等办学条件在支持类型办学、高标准高质量发展、凝聚办学特色等方面有哪些优势？有哪些劣势？

哪些因素特别有助于实现学校在财务、实践教学条件、人力资源建设方面的目标？典型的困难是什么，如何处理？

（2）程序

从实现战略目标的角度看，学校内部供教学使用的资金、实践教学条件和人力资源的分配和管理，优先级是怎样的？是否符合不同部门和团体的期望？如何调和矛盾？学校如何整合外部（法律和经济）要求？改变或改善的刺激来自哪里？如何将它们输入系统？如何处理这些刺激？基于这些刺激计划或将要进行哪些改变？

（3）文化

学校教职工是否充分了解学校在人员、实践教学条件和财政资源方面的管理原则？哪些价值观和方法得到了相关人员欢迎和支持？

避免滥用或浪费资源的指导原则是什么？受其影响的人是否接受既定的规则和准则？如何处理冲突？

2. 人力资源开发

（1）机构

从支持战略目标的角度看，学校人力资源开发包括哪些部门？谁负责，谁参与，谁被告知？有什么优势？有什么劣势？

从支持战略目标的角度看，在人力资源开发的目标中，哪些优先级别高，哪些优先级别低？还需要进行哪些补充和修改，为什么？

从支持战略目标的角度看，人力资源开发必须克服哪些挑战？现有的理念、目标、制度是否充分考虑到这些挑战？

（2）程序

员工发展项目如何实施？典型的困难是什么，如何处理？改变或改善的刺激来自哪里？如何将它们输入系统？如何处理这些刺激？

（3）文化

员工发展项目哪个尤其受到员工的欢迎？哪个不受欢迎，为什么？

（四）支持服务系统

1. 机构

在战略制定和执行中，如何获得上级管理部门、行业企业、研究机构、兄弟院校等校外相关单位及校内相关部门的支持？哪些合作效果良好？哪些方面可以改进？

为了与支持单位有效合作，管理层面临的典型挑战是什么？如何应对这些挑战？

2. 程序

哪些因素对支持作用的产生和效果至关重要？改变或改善的刺激来自哪里？如何将它们输入系统？如何处理这些刺激？

3. 文化

为支持学校战略制定和执行，内部和外部合作有哪些原则？现有的规则和标准是否为合作单位接受？如何处理冲突？在合作方面有哪些挑战？

（五）监督控制系统

1. 机构

促进战略目标实现的绩效考核目标有什么特点？弱点是什么？需要做什么样的修改？

为支持学校战略目标实现，需对哪些相关利益者进行调研？目标是什么？

2. 程序

监督控制采用了哪些方法与程序？哪些方法与程序取得了较好的效果？哪些需要改进？还可以采取哪些方法？

3. 文化

决策层的哪些典型价值观和行为模式对监督控制系统有积极的影响？

校内外哪些部门或单位积极参与了学校战略监督控制？为什么？哪些参与较少？如何提高重要关系单位或部门的参与程度？

导致监督控制系统结构和程序发生变化的典型情况是什么？谁参与了这些变化？

二、质量保证

（一）决策指挥系统

1. 机构

为了实现学校的使命、目标和任务，制定了什么样的质量方针？

质量保证决策指挥系统由哪些部门及人员组成？有哪些职责？谁负责，谁参与，谁被告知？在不久的将来，计划对质量保证组织机构及人员进行哪些改变，为什么？

为保持类型办学方向、深化职业教育教学改革、完善师资队伍结构、提升教师教学能力等方面制定的质量目标，有什么特色？还需要进行哪些改进？

为推进校企合作和国际合作、社会服务、科学研究等方面制定的质量目标，如何体现为教学服务？有什么特色？需要进行哪些改进？

这些质量目标中哪一个优先级较高，哪些优先级较低？

哪个目标反映了学校在教学方面现有优势？哪些目标是面向学校发展和面向未来的？

保持质量目标面临的最大挑战是什么？

2. 程序

质量保证方针与目标是如何制定的？与教学质量有关的目标中，哪一个最近被修改过？修改的原因是什么？

定义、实施和定期审查这些目标的过程是什么？

3. 文化

校内哪些价值观和行为模式对质量保证目标影响最大？

哪些目标对内部利益相关者特别重要？机构内的哪些群体与哪些目标特别相关？机构内的一些利益相关者拒绝了哪些目标？在内部利益相关者之间讨论机构质量目标的不同意见存在哪些可能性？

（二）质量生成系统

1. 机构

为做好教学质量保证工作，质量保证机构在组织结构、资金、物资和人力资源方面有哪些优势？有哪些劣势，如何改进？

与教育部本科层次职业办学系列文件和标杆学校对照，与凝练学校办学特色要求对照，主要教学环节的质量标准还存在什么弱点，如何改进？

2. 程序

制定主要教学环节质量标准的程序与方法，哪些是高效的？哪些需要改进，如何改进？

质量管理保证程序包括哪些？哪些程序被认为是有效和高效的？哪些方面需要改进，原因是什么？自我诊断方法在运用中存在什么问题，如何改进？信息化管理方法在运用中存在什么问题，如何改进？

质量保证改变或改善的刺激来自哪里？如何将它们输入系统？如何处理这些刺激？

3. 文化

制定教学标准的程序及方法是否被不同利益者接受？是否存在典型冲突？如何解决？

质量保证中不同单位或利益团体之间的协作效果如何？是否存在典型冲突，如何处理？

参与质量管理的部门及所有利益相关者团体是否提供了预期的投入？如果没有达到预期，原因是什么？

自我诊改方式、信息化管理手段在多大程度上被管理层和员工接受？

（三）资源建设系统

1. 机构

包括信息化管理在内的质量保证手段是什么？在资源建设上的典型的困难是什么，如何处理？

2. 程序

资源建设过程是如何工作的？哪些程序被认为运行良好，哪些程序需要改进？

参与资源建设的单位是否有足够的信息和资源？资源建设是否按计划实现？这是如何核实的？改变或改善的刺激来自哪里？如何将它们输入系统？如何处理这些刺激？

3. 文化

目标群体是否使用了包括信息化管理在内的资源？如果没有，为什么？

个别目标群体对所提供的援助和支持的满意度如何？

（四）支持服务系统

1. 机构

在质量保证方面，如何安排与行业企业、上级主管部门、科研机构、兄弟院校等其他机构和不同内部单位之间的合作？

在内部或外部合作的情况下，哪些是有效的，哪些方面可以改进？

这种项目合作通常是如何形成的？

2. 程序

哪些因素对协作的顺利组织和实施至关重要？

改变或改善的刺激来自哪里？如何将它们输入系统？如何处理这些刺激？

3. 文化

质量保证在教学方面的内部和外部合作有哪些原则？

现有的规则和标准是否为受其影响的人所接受？如何处理冲突？在合作方面

有哪些挑战？

（五）监督控制系统

1. 机构

质量保证系统采用什么标准对自身进行考核？缺点是什么？为不断提高质量保证的效果，需要进行什么样的修改？

2. 程序

质量保证系统对自身监督和控制采用了什么方法和程序？哪些运行良好？是否计划对程序进行进一步的更改？如果是，为什么？

3. 文化

哪些典型价值观和行为模式对质量保证体系建设具有影响？决策管理层是如何评价学校的质量管理的？

三、教育研究

（一）决策指挥系统

1. 机构与目标

从组织管理和人力资源管理来看，学校教育研究机构由哪些部门组成？有哪些职责？谁负责，谁参与，谁被告知？在不久的将来，计划对教育研究的组织机构、人员组成进行哪些改变，为什么？

为建设高水平职业本科大学，教育研究政策（研究团队、研究资金、预期成果、奖励办法等）有什么变化，原因是什么？在"岗课赛证"育人模式、中国特色高层次现代学徒制、"三教"改革等体现职业类型办学特色，内部质量管理体系等保证教学质量，或是支撑学校办学特色等课题研究方面，制定了哪些引导政策？还需要进行什么样的改进？

现有政策是如何加强研究和教学、管理互动的？优势是什么？劣势是什么？

2. 程序

教育研究政策制定的方法与程序中的优点是什么？缺点是什么？

在研究与教学、管理的衔接过程中，程序与方法中的优点是什么？缺点是什么？改变或改善的刺激来自哪里？如何将它们输入系统？如何处理这些刺激？

3. 文化

学校在制定教育研究政策上有哪些原则，相关利益者是否接受这些原则？

在研究与教学、管理相结合的问题上，学校期望有哪些价值观和行为模式？如何支持预期的行为模式？

（二）质量生产系统

1. 机构

在实施教育研究项目的过程中，在组织管理、研究团队、研究条件等方面有哪些优势？有哪些劣势？

在研究和教学、管理的互动点上有什么挑战吗？

2. 程序

教育研究实施的哪些程序运作良好？被认为好的做法有哪些？哪些程序需要相关负责人特别注意，原因是什么？改变或改善的刺激来自哪里？如何将它们输入系统？如何处理这些刺激？

研究和教学、管理互动过程中哪些程序运作良好？哪些程序需要相关负责人特别注意，原因是什么？改变或改善的刺激来自哪里？如何将它们输入系统？如何处理这些刺激？

3. 文化

教育研究项目的相关部门及人员是否按预期进行了投入，如果没有，原因是什么？怎样提高相关部门及人员的积极性？

在研究项目实施及研究与教学、管理互动中，不同单位、部门、人员之间的协作是如何进行的？是否存在典型的冲突，如何处理？

（三）资源建设系统

1. 机构

机构为支持研究项目取得预期成果，在经费、设备等研究条件建设方面存在什么问题，如何解决？

为使研究与教学实施良性互动，资源建设方面需要提供什么条件，如何解决？

2. 程序

资源使用中的哪些程序被认为运行良好，哪些程序需要改进？

参与资源建设的单位是否有足够的信息和资源？资源建设是否按计划实现？这是如何核实的？改变或改善的刺激来自哪里？如何将它们输入系统？如何处理这些刺激？

3. 文化

建设的资源是否被相关人员使用？如果没有或者是较少使用，原因是什么？

（四）支持服务系统

1. 机构

为提高研究质量，需要什么样的支持服务？取得这样的支持服务后，优势是什么，存在的问题是什么？

2. 程序

提供帮助和支持的过程是如何工作的？哪些程序被认为运行良好，哪些程序需要改进？

参与援助和支持的机构成员是否有足够的信息和资源？援助和支持的目标群体是否按计划实现？这是如何核实的？改变或改善的刺激来自哪里？如何将它们输入系统？如何处理这些刺激？

3. 文化

目标群体是否使用了所提供的援助和支持？如果没有，为什么？

个别目标群体对所提供的援助和支持的满意度如何？

（五）监督控制系统

1. 机构

制定的绩效考核标准在凝练研究方向、提升研究水平、促进研究与教学、管理互动方面存在什么问题，如何改进？

对相关利益团体进行了哪些调研？这些调研对修正研究方向、提升研究水平、促进教学与研究互动有什么优势？

2. 程序

质量监控使用的方法在反映存在的问题或优势方面的优势是什么？劣势是什么，如何改进？哪些程序运作良好？哪一个可以被认为是好的做法？哪些程序需要相关负责人特别注意，原因是什么？改变或改善的刺激来自哪里？如何将它们输入系统？如何处理这些刺激？

3. 文化

内部利益相关者的哪些典型价值观和行为模式对教育研究质量管理具有积极的影响？

哪些利益相关者特别支持教育研究质量管理？哪些群体参与较少？参与程度高或低的原因是什么？

导致教育研究质量管理体系结构和程序发生变化的典型情况是什么？谁参与了这些变化？

四、社会服务

（一）职业培训

1. 决策指挥系统

（1）机构

从组织管理和人力资源管理来看，学校职业培训机构由哪些部门组成？有哪些职责？谁负责，谁参与，谁被告知？在不久的将来，计划对职业培训的组织机构、人员组成进行哪些改变，为什么？

升格为本科职业技术大学后，在推进横向技术服务工作方面存在什么困难？针对这些困难制定了什么制度，如何改进？在培训成果认定，构建学历教育与非学历教育衔接沟通上存在什么困难？针对这些困难制定了什么制度，如何改进？

（2）程序

横向技术服务方案制订的方法与程序中哪些效果较好？如何继续改进？

培训成果认定方案制订的方法与程序中哪些效果较好？如何继续改进？

（3）文化

在设计横向技术服务、培训成果认定方案上有什么原则（人员、资金、课程、设备等）？相关利益者是否接受这些原则？如何解决矛盾？

在将横向技术服务成果纳入教学的问题上，学校期望有哪些价值观和行为模式？如何支持预期的行为模式？

在培训成果认定问题上，学校期望有哪些价值观和行为模式？如何支持预期的行为模式？

2. 质量生产系统

（1）机构

在实施横向技术服务、培训成果认定的过程中，在组织管理、团队、资金、设备、课程等方面有哪些优势？有哪些劣势？

在将横向技术服务纳入教学、培训成果认定的互动点上有什么挑战吗？

（2）程序

横向技术服务、培训成果认定方案的哪些程序运作良好？哪些程序需要相关负责人特别注意，原因是什么？改变或改善的刺激来自哪里？如何将它们输入系统？如何处理这些刺激？

在将横向技术服务成果纳入教学的互动过程中哪些程序运作良好？哪些程序需要相关负责人特别注意，原因是什么？改变或改善的刺激来自哪里？如何将它们输入系统？如何处理这些刺激？

培训成果认定工作是否按预期运作？程序中是否经常出现典型的困难？计划进行哪些更改，原因是什么？

（3）文化

实施横向技术服务的相关部门及人员是否按预期进行了投入，如果没有，原因是什么？怎样提高相关部门及人员的积极性？

培训成果认定有哪些指导原则？有没有告知有关部门及感兴趣的学生及教职

员工，他们是否接受？如何处理冲突？

3.资源建设系统

（1）机构

为支持横向技术服务取得预期成果，在经费、人力资源、物资等资源建设方面存在什么问题，如何解决？

（2）程序

参与资源建设的单位是否有足够的信息和资源？资源建设是否按计划实现？这是如何核实的？改变或改善的刺激来自哪里？如何将它们输入系统？如何处理这些刺激？

资源使用中的哪些流程被认为运行良好，哪些流程需要改进？

（3）文化

建设的资源是否被相关人员使用？如果没有或者是较少使用，原因是什么？

4.支持服务系统

（1）机构与目标

为更好地完成横向技术服务、培训成功认定，需要什么样的支持？取得这样的支持服务后，优势是什么，存在的问题是什么？

（2）程序与方法

采取了什么样的程序和方法获得所需要的支持？有哪些好的做法和经验？哪些需要改进？

参与援助和支持的机构成员是否有足够的信息和资源？援助和支持的目标群体是否按计划实现？这是如何核实的？改变或改善的刺激来自哪里？如何将它们输入系统？如何处理这些刺激？

提供帮助和支持的工作过程如何？哪些流程被认为运行良好，哪些流程需要改进？

（3）文化

目标群体是否使用了所提供的援助和支持？如果没有，为什么？

个别目标群体对所提供的援助和支持的满意度如何？

5.监督控制系统

（1）机构

制定的绩效考核标准在改进培训内容、提升培训水平、促进构建育训结合的课程体系、促进培训成果认定方面存在什么问题，如何改进？

对相关利益团体进行了哪些调研？这些调研在改进培训内容、提升培训水平、促进培训成果认定方面有什么优势？

（2）程序

质量监控使用的方法在反映存在的问题或优势方面的优势是什么？劣势是什么，如何改进？哪些程序运作良好？哪些过程需要相关负责人特别注意，原因是什么？改变或改善的刺激来自哪里？如何将它们输入系统？如何处理这些刺激？

（3）文化

内部利益相关者的哪些典型价值观和行为模式对横向技术服务、培训成果认定具有积极的影响？

哪些利益相关者特别支持开展横向技术服务工作？哪些群体参与较少？参与程度高或低的原因是什么？

导致培训成果认定程序发生变化的典型情况是什么？谁参与了这些变化？

（二）技术技能累积

1. 决策指挥系统

（1）机构与目标

从组织管理和人力资源管理来看，学校技术技能累积机构由哪些部门组成？有哪些职责？谁负责，谁参与，谁被告知？在不久的将来，计划对技术技能累积的组织机构、人员组成进行哪些改变，为什么？

升格为本科职业技术大学后，在校企共建创新创业服务平台方面制定了什么目标？采取了什么措施？完成目标的优势是什么，劣势是什么？

在将创客空间、技能大赛、双创案例、优质专利、科研和技术研发成果等转化为教学内容方面制定了什么制度？还存在什么问题？

（2）程序

校企共建创新创业服务平台方案制订的方法与流程中的优点是什么，缺点是什么？改变或改善的刺激来自哪里？如何将它们输入系统？如何处理这些刺激？

在将创客空间、技能大赛、双创案例、优质专利、科研和技术研发成果等转化为教学内容相关方案制订的方法与流程中的优点是什么，缺点是什么，改变或改善的刺激来自哪里？如何将它们输入系统？如何处理这些刺激？

（3）文化

设计校企共建创新创业服务平台方案有哪些原则，相关利益者是否接受这些原则？

在创客空间、技能大赛、双创案例、优质专利、科研和技术研发成果纳入教学内容的问题上，学校期望有哪些价值观和行为模式？如何支持预期的行为模式？

2. 质量生产系统

（1）机构

在校企共建创新创业平台的过程中，在组织管理、研究团队、研究条件等方面有哪些优势，有哪些劣势？

在创客空间、技能大赛、双创案例、优质专利、科研和技术研发成果纳入教学内容的互动点上有什么挑战吗？

（2）程序

校企共建创新创业平台的哪些程序运作良好？哪些程序需要相关负责人特别注意，原因是什么？改变或改善的刺激来自哪里？如何将它们输入系统？如何处理这些刺激？

在将创客空间、技能大赛、双创案例、优质专利、科研和技术研发成果等转化为教学内容的互动点上哪些程序运作良好？哪些程序需要相关负责人特别注意，原因是什么？改变或改善的刺激来自哪里？如何将它们输入系统？如何处理这些刺激？

（3）文化

实施校企共建创新创业平台的相关部门及人员是否按预期进行了投入，如果没有，原因是什么？怎样提高相关部门及人员的积极性？

将创客空间、技能大赛、双创案例、优质专利、科研和技术研发成果等转化为教学内容的有关部门及人员是否按预期进行了投入？如果没有，原因是什么？怎样提高相关部门及人员的积极性？

3. 资源建设系统

（1）机构

为支持校企共建创新创业平台，将创客空间、技能大赛、双创案例、优质专利、科研和技术研发成果等转化为教学内容取得预期成果，在经费、人力资源、物资等资源建设方面存在什么问题，如何解决？

（2）程序

参与资源建设的单位是否有足够的信息和资源？资源建设是否按计划实现？这是如何核实的？改变或改善的刺激来自哪里？如何将它们输入系统？如何处理这些刺激？

资源使用中的哪些流程被认为运行良好，哪些流程需要改进？

（3）文化

建设的资源是否被相关人员使用？如果没有或者是较少使用，原因是什么？

4. 支持服务系统

（1）机构

为更好地完成校企共建创新创业平台，将创客空间、技能大赛、双创案例、优质专利、科研和技术研发成果等转化为教学内容，需要什么样的支持？取得这样的支持服务后，优势是什么，存在的问题是什么？

（2）程序

采取了什么样的方法和程序获得所需要的支持？有哪些好的做法和经验？哪些需要改进？

参与援助和支持的机构成员是否有足够的信息和资源？援助和支持的目标群体是否按计划实现？这是如何核实的？改变或改善的刺激来自哪里？如何将它们输入系统？如何处理这些刺激？

提供帮助和支持的工作过程如何？哪些程序被认为运行良好，哪些程序需要改进？

（3）文化

目标群体是否使用了所提供的援助和支持？如果没有，为什么？

个别目标群体对所提供的援助和支持的满意度如何？

5. 监督控制系统

（1）机构

制定的绩效考核标准在促进创新创业平台建设，将创客空间、技能大赛、双创案例、优质专利、科研和技术研发成果等转化为教学内容的过程中存在什么问题，如何改进？

对相关利益团体进行了哪些调研？这些调研在促进平台建设和成果转化方面有什么作用？

（2）程序

质量监控使用的方法在反映存在的问题或优势方面的优势是什么？劣势是什么，如何改进？

哪些程序运作良好？哪些程序需要相关负责人特别注意，原因是什么？改变或改善的刺激来自哪里？如何将它们输入系统？如何处理这些刺激？

（3）文化

内部利益相关者的哪些典型价值观和行为模式对平台建设、成果转化具有积极的影响？

哪些利益相关者团体特别支持开展平台建设、成果转化工作？哪些群体参与较少？参与程度高或低的原因是什么？

五、国际合作

（一）决策指挥系统

1. 机构

从组织管理和人力资源管理来看，学校国际合作管理机构由哪些部门组成？有哪些职责？谁负责，谁参与，谁被告知？在不久的将来，计划对国际合作的组织机构、人员组成进行哪些改变，为什么？

升格为本科职业技术大学后，在服务"一带一路"方面希望开发什么项目，原因是什么？

现有政策是如何加强国际合作的？优势是什么？劣势是什么？

2. 程序

国际合作项目开发的方法与流程中的优点是什么？缺点是什么？改变或改善的刺激来自哪里？如何将它们输入系统？如何处理这些刺激？

3. 文化

负责人在设计国际合作项目上有哪些原则，相关利益者是否接受这些原则？

（二）质量生产系统

1. 机构

在实施国际合作项目的过程中，在组织管理、合作团队、研究条件等方面有哪些优势？有哪些劣势？

2. 程序

国际合作项目实施过程中被认为好的做法有哪些？哪些过程需要相关负责人特别注意，原因是什么？改变或改善的刺激来自哪里？如何将它们输入系统？如何处理这些刺激？

3. 文化

实施国际合作项目的相关部门及人员是否按预期进行了投入？如果没有，原因是什么？怎样提高相关部门及人员的积极性？

（三）资源建设系统

1. 机构

为支持国际合作项目取得预期成果，在经费、人力资源、物资等资源建设方面存在什么问题，如何解决？

2. 程序

资源使用中的哪些程序被认为运行良好，哪些程序需要改进？

参与资源建设的单位是否有足够的信息和资源？资源建设是否按计划实现？这是如何核实的？改变或改善的刺激来自哪里？如何将它们输入系统？如何处理这些刺激？

3. 文化

建设的资源是否被相关人员使用？如果没有或者是较少使用，原因是什么？

（四）支持服务系统

1. 机构

为支持国际合作项目取得预期成果，需要什么样的支持服务？取得这样的支持服务后，优势是什么，存在的问题是什么？

2. 程序

提供帮助和支持的过程是如何工作的？哪些流程被认为运行良好，哪些流程需要改进？

参与援助和支持的成员是否有足够的信息和资源？援助和支持的目标是否按计划实现？这是如何核实的？改变或改善的刺激来自哪里？如何将它们输入系统？如何处理这些刺激？

3. 文化

目标群体是否使用了所提供的援助和支持？如果没有，为什么？

个别目标群体对所提供的援助和支持的满意度如何？

（五）监督控制系统

1. 机构

制定的绩效考核标准在推进服务"一带一路"、促进国际合作方面存在什么问题，如何改进？

对相关利益团体进行了哪些调研？这些调研对推进服务"一带一路"、促进国际合作方面起到什么作用，如何改进？

2. 程序

质量监控使用的方法在反映存在的问题或优势方面的优势是什么？劣势是什么，如何改进？哪些程序运作良好？哪一个可以被认为是好的做法？哪些程序需要相关负责人特别注意，原因是什么？改变或改善的刺激来自哪里？如何将它们输入系统？如何处理这些刺激？

3. 文化

内部利益相关者的哪些典型价值观和行为模式对国际合作具有积极的影响？

哪些利益相关者团体特别支持开展国际合作？哪些群体参与较少？参与程度高或低的原因是什么？

六、师资队伍

（一）决策指挥系统

1. 机构

从组织管理和人力资源管理来看，教师发展中心有哪些职责？人员如何组成？在不久的将来，计划对教师发展中心职责和人员组成进行哪些改变，为什么？

如何定义职业本科大学教师的专业能力和职业能力？现有规章制度是否考虑到这些问题？

对照《评估指标》的通知和学校办学特色，在师生比、专兼职教师比、教师学历结构、"双师型"教师比例等基本要求上存在什么问题，如何解决？在高水平结构化教师团队建设方面存在什么问题，如何解决？

针对教学创新团队、专业带头人、骨干教师、青年教师、兼职教师开展了哪些培训？存在什么问题，如何解决？在落实教师 5 年一周期的全员轮训制度，落实专业课教师（含实习指导教师）每 5 年累计不少于 6 个月到企业或生产服务一线实践制度，思政课专任教师每 3 年至少接受一次专业培训制度方面存在什么困难，如何落实？

在本科层次职业技术大学建设中，师资队伍建设还有哪些挑战？现有的规划和制度是否考虑了这些挑战？师资队伍建设规划中，哪个项目的优先级高，哪个项目的优先级低，为什么？

2. 程序

制订师资队伍建设规划的哪些工作效果好，哪些方面需要改进？

外部要求（主管部门、高端行业领军企业、学生等）在哪里得到了很好的整合，在哪里可以改进，原因是什么？有哪些程序可以系统地收集刺激因素以进一步发展方案？

3. 文化

制订师资队伍建设规划必须考虑哪些原则？所有利益相关者是否接受这些原则？哪些价值观和行为模式对师资队伍建设规划的制订和实施的影响最大？这些对建设规划的实现有何影响？在师资队伍建设方面是否存在典型的冲突，如何处理这些冲突？

（二）质量生成系统

1. 机构

在师资队伍建设规划执行的过程中，在组织结构、财务、物资和人力资源方面有哪些优势？有哪些劣势？哪些建设目标最近被修改过，为什么？

2. 程序

师资队伍建设规划实施的哪些程序运作良好？哪些程序需要负责人特别注意，原因是什么？改变或改善的刺激来自哪里？如何将它们输入系统？如何处理这些刺激？

3. 文化

师资队伍建设的相关部门及人员是否按预期进行了投入？如果没有，原因是什么？怎样提高相关部门及人员的积极性？

涉及师资队伍发展的培训项目，哪一个尤其受到教师的欢迎？哪个不是，为什么？

（三）资源建设系统

1. 机构

为支持师资队伍发展规划取得预期成果，在人力资源、财务、设备条件等方面存在什么问题，如何解决？

2. 程序和方法

资源使用中的哪些流程被认为运行良好，哪些流程需要改进？

参与资源建设的单位是否有足够的信息和资源？资源建设是否按计划实现？这是如何核实的？改变或改善的刺激来自哪里？如何将它们输入系统？如何处理这些刺激？

3. 文化

所有相关成员是否充分了解人力资源、物资和财务的管理？

在资源使用方面，哪些价值观和方法得到了相关人员的支持？避免滥用或浪费资源的指导原则是什么？

受其影响的人是否接受既定的规则和准则？如何处理冲突？

（四）支持服务系统

1. 机构

为落实师资队伍建设规划，需要从党政工团等校内机构或学术团体获得什么样的支持服务？需要从校外机构或团体获得什么样的支持服务？取得这样的支持服务后，优势是什么，存在的问题是什么？

人力资源、资金、物资等条件是否能够获得这样的支持？如何核实？怎样解决？

2. 程序

提供帮助和支持的过程是如何工作的？哪些程序被认为运行良好，哪些程序需要改进？

参与援助和支持的机构成员是否有足够的信息和资源？援助和支持的目标群体是否按计划实现？这是如何核实的？改变或改善的刺激来自哪里？如何将它们输入系统？如何处理这些刺激？

3. 文化

目标群体是否使用了所提供的援助和支持？如果没有，为什么？

个别目标群体对所提供的援助和支持的满意度如何？

（五）监督控制系统

1. 机构

制定的绩效考核标准在促进高水平教师引进中有什么优势？有什么劣势，如何改进？针对教学创新团队及不同发展阶段的教师进行专项培养中有什么优势？什么劣势，如何改进？在分层次、分类型进行教师专业能力和职业能力评价中有什么优势？有什么劣势？

对相关利益团体进行了哪些调研？这些调研对进一步修订、落实师资队伍建设规划起到什么作用？

2. 程序

质量监控使用的方法在反映问题的全面性、深刻性上的优势是什么？劣势是什么，如何改进？哪些程序运作良好？哪些程序需要相关负责人特别注意，原因是什么？改变或改善的刺激来自哪里？如何将它们输入系统？如何处理这些刺激？

3. 文化

内部利益相关者的哪些典型价值观和行为模式对师资队伍建设具有积极的影响？

哪些利益相关者特别支持师资队伍建设？哪些群体参与较少？参与程度高或低的原因是什么？

制定的相关绩效考核标准是否被相关利益者接受？如何改进？

七、专业层面

（一）决策指挥系统

1. 机构

（1）专业建设

在文化环境、组织机构、资金、物资和人力资源方面，围绕国家和区域经济社会产业发展重点领域，立足高端产业和产业高端进行专业建设有哪些优势？有哪些劣势？

在专业设置和专业结构调整方面，哪个专业建设目标反映了学校现有优势？哪些专业建设目标是面向未来产业和专业发展的？专业建设目标中哪一个优先级较高，哪些优先级较低？实现专业目标的最大挑战是什么？

在进一步开发全套专业建设规划、标准、方案方面存在哪些挑战？

（2）人才培养方案

在文化环境、组织机构、资金、物资和人力资源方面，全面贯彻党的教育方针，优势是什么？劣势是什么，如何解决？

按《教育部关于职业院校专业人才培养方案制订与实施工作的指导意见》等政策文件规定的程序制订人才培养方案存在什么困难，如何解决？专业在落实学校办学特色方面存在什么问题，如何改进？

如何定义高层次技术技能人才培养目标？如何判断学生掌握了本专业所需的基础知识和较高的技术技能知识？如何判断学生初步具有解决本专业复杂问题的能力和进行复杂操作的能力？如何判断学生具有技术革新能力？

人才培养规格和目标如何落实到课程体系建设中？存在什么困难，如何改进？

在推进"岗课赛证"综合育人、校企合作"双元"育人、中国特色高水平现代学徒制等具有类型特色的人才培养模式方面有什么困难？

保证实践教学时间达到 50% 有什么困难？

人才培养评价改革方面，如何实现多主体、多元目标评价？如何增强过程性评价，突出增值评价？

2. 程序

（1）专业建设

制订、实施和定期审查专业建设方案的过程和方法是什么？制订专业建设方案的过程是否被认为是高效的？哪些工作效果好，哪些方面需要改进？

外部要求（教育政策、高端行业优质企业、家长、学生等）在哪些方面得到了很好的整合？在哪些方面可以改进，原因是什么？有哪些程序可以系统地收集相关影响因素以进一步发展方案？

（2）人才培养方案

制订、实施和定期审查人才培养方案的过程和方法是什么？哪些过程和方法效果好，哪些方面需要改进？

开发、实施和定期审查"岗课赛证"综合育人、校企合作"双元"育人、中国特色高水平现代学徒等项目的过程和方法是什么？哪些过程和方法效果好，哪些方面需要改进？

3. 文化

利益相关者在多大程度上愿意参与专业建设方案制订？他们的信息水平如

何？对参与制订专业建设方案的利益相关者群体有何期望？是否如预期发生？

哪些价值观和行为模式对专业建设目标影响最大？哪些目标对内部利益相关者特别重要？学校内的哪些群体与哪些目标特别相关？学校内的一些利益相关者拒绝了哪些目标？当内部利益相关者之间讨论专业建设方案出现不同意见的存在哪些可能性？如果利益相关者之间发生冲突，会发生什么？

（二）质量生成系统

1. 机构与目标

（1）专业建设

专业建设目标中，哪一个最近被修改过，修改的原因是什么？

在培育特色专业、打造高水平专业群的过程中，在组织结构、财务、物资和人力资源方面有哪些优势？有哪些劣势？

（2）人才培养方案

在人才培养方案执行中，在组织结构、财务、物资和师资队伍方面有哪些优势？有哪些劣势？

包括"岗课赛证"、校企"双元"育人、中国特色高层次现代学徒制人才培养方案是否按预期进行？影响因素有哪些？是如何调整的？

在进行人才培养评价多元化、过程性、增值性改革的过程中，存在什么问题，如何改进？

2. 程序

专业建设、人才培养方案执行中的哪些程序运作良好？哪一个可以被认为是好的做法？哪些程序需要负责人特别注意，原因是什么？改变或改善的刺激来自哪里？如何将它们输入系统？如何处理这些刺激？

3. 文化

在专业建设及人才培养方案执行过程中，不同机构或部门之间的协作是如何工作的？是否存在典型的冲突，如何处理？参与专业建设及人才培养方案执行的所有利益相关者团体是否提供了预期的投入？如果没有达到预期，原因是什么？

（三）资源建设系统

1. 机构

哪些因素特别有助于实现专业建设的质量目标？典型的困难是什么，如何处理？

（1）教学经费

教学经费是否满足专业建设的要求，如何处理？

（2）实践教学条件

在按照国家标准、办学特色、专业要求进行专项、综合实验实训室建设时，存在什么困难，如何处理？

在与校企融合型企业、高端行业领军企业共建实质性实习基地时存在什么困难，如何处理？

（3）师资队伍

在引入行业企业兼职教师方面存在什么困难，如何处理？

在引进、培养包括博士在内的高层次专任教师方面存在什么困难，如何处理？

（4）信息化教学资源和条件

在进行配套信息化教学资源建设时，存在什么困难，如何处理？

在进行信息化教学条件建设时，存在什么困难，如何处理？

（5）图书资源建设

在进行配套图书资源建设时，存在什么困难，如何处理？

2. 程序

涉及教学和学习过程的物资和人力资源的分配和管理，是否符合所在学院和专业的期望？如何整合外部（法律和经济）要求？改变或改善的刺激来自哪里？如何将它们输入系统？如何处理这些刺激？基于这些刺激计划或将要进行哪些改变？

3. 文化

教师如何参与教学管理？所有成员是否充分了解物资和财政资源的管理？在资源使用方面，哪些价值观和方法得到了相关人员的支持？避免滥用或浪费资源的指导原则是什么？受其影响的人是否接受既定的规则和准则？如何处理冲突？

（四）支持服务系统

1. 校外机构的支持作用

（1）机构

获得政府机构、行业企业、研究机构支持的指导原则和规则是什么？以上校外机构对学校教学支持的哪些要素效果良好？哪些方面可以改进？

（2）程序

校外机构是如何参与专业建设方案的设计、开发和实施及其质量保证工作的？

改变或改善的刺激来自哪里？如何将它们输入系统？如何处理这些刺激？

（3）文化

专业建设过程中，哪些价值观和方法对在质量保证的同时提供教育服务有良好效果？人们期望什么样的态度和行为？它们是如何产生和发展的？

受其影响的人是否接受既定的规则和准则？如何处理冲突？

2. 校内行政部门的支持作用

（1）机构

与教学有关的行政部门的作用和职能的指导原则和规则是什么？学校行政单位对教与学支持的哪些要素效果良好？哪些方面可以改进？

为了有效地支持教学质量目标，管理层面临的典型挑战是什么？如何应对这些挑战？

（2）程序

校外机构（行业企业、科研机构、管理部门）是如何参与专业建设方案的设计、开发和实施及其质量保证工作的？

改变或改善的刺激来自哪里？如何将它们输入系统？如何处理这些刺激？

（3）文化

在专业建设和管理过程中，哪些价值观和方法对在质量保证的同时提供教育服务有良好效果？人们期望什么样的态度和行为？它们是如何产生和发展的？

受其影响的人是否接受既定的规则和准则？如何处理冲突？

3. 对学生的支持作用

（1）机构

包括校园文化建设、学习氛围营造、学习指导在内的，为学生提供的帮助和支持服务的哪些要素是成功的？需要进行哪些更改？需要克服的典型挑战是什么？

物资和人力资源（包括专职辅导员、兼职班主任、专职心理辅导教师、创新就业创业指导教师等）是否足以执行预期的援助和支持服务？这是如何核实的？

（2）程序

提供援助和支持的过程是如何工作的？哪些流程被认为运行良好，哪些流程需要改进？

参与援助和支持的机构成员是否有足够的信息和资源？援助和支持的目标群体是否按计划实现？这是如何核实的？改变或改善的刺激来自哪里？如何将它们输入系统？如何处理这些刺激？

（3）文化

目标群体是否使用了所提供的援助和支持？如果没有，为什么？个别目标群体对所提供的援助和支持的满意度如何？

（五）监督控制系统

1. 机构

制定的绩效考核标准在培育优势特色专业和新兴专业、打造高水平专业群方面有什么优势？如何改进？

在落实对接区域高端行业企业升级转型需要、培养高层次技术技能人才方面有什么优势？有什么劣势，如何改进？

在推进"岗课赛证"、校企"双元"育人、中国特色高层次现代学徒制方面有什么优势？有什么劣势，如何改进？

在落实规范办学方面有什么优势？有什么劣势，如何改进？

对包括行业企业、在校学生、教师、毕业生等在内的哪些相关利益团体进行了哪些调研？在落实调研结果支持专业持续发展、人才培养方案持续改进方面存在什么问题，如何改进？

2. 程序

质量监控使用的方法在反映存在的问题或优势方面的优势是什么？劣势是什么，如何改进？哪些程序运作良好？哪些过程需要相关负责人特别注意，原因是什么？改变或改善的刺激来自哪里？如何将它们输入系统？如何处理这些刺激？

3. 文化

内部利益相关者的哪些典型价值观和行为模式对专业质量保证工作具有积极的影响？

包括行业企业、在校学生、教师、毕业生等在内的哪些利益相关者团体特别支持开展专业质量保证工作？哪些群体参与较少？参与程度高或低的原因是什么？

导致专业质量保证体系结构、程序、标准发生变化的典型情况是什么？谁参与了这些变化？

八、课程层面

（一）决策指挥系统

1. 机构

在文化环境、组织机构、物资和人力资源方面，按照教育部对本科层次职业教育系列要求，与标杆学校对照、与学校办学特色要求对照，课程开发存在哪些困难，如何解决？

（1）思想政治教育

马克思主义学院有哪些职责？在文化环境、组织结构、人员、资金、物资方面完成思想政治教育工作有什么优势？有什么问题，如何调整？

（2）体育、美育、劳动教育

在文化环境、组织结构、人员、资金、物资方面完成体育、美育、劳动教育工作有什么优势？有什么问题，如何调整？

（3）专业教育

在课程思政建设过程中，存在什么问题，如何解决？

完善课程标准，将新技术、新工艺、新规范纳入教学内容，存在什么问题，如何解决？

在进行案例教学、项目化教学等教法改革时，存在什么问题，如何解决？

在进行活页式、工作手册式教材编写时，存在什么问题，如何解决？

在进行信息化教学改革时，存在什么问题，如何解决？

在开设能够满足学生多样化需求、数量足够的选修课时，存在什么问题，如何解决？

在实验实训中，存在什么问题，如何解决？

按照教育部要求和专业学习需要，认知实习、跟岗实习、顶岗实习存在什么问题，如何解决？

在完善社会实践方面，存在什么问题，如何解决？

在规范毕业论文选题、提高毕业论文质量方面存在什么问题，如何解决？

改革课程考核和学生评价方式，在探索多元化、过程性、增值性评价方面，存在什么问题，如何解决？

课程思政、课程标准、信息化教学及教学资源、教法改革、教材改革、考核方式和学生评价改革等建设目标中哪一个优先级较高，哪些优先级较低？哪个课程建设目标反映了课程建设的现有优势？哪些课程建设目标是产业和专业未来发展重点？实现课程建设目标的最大挑战是什么？

2. 程序

制订、实施和定期审查课程建设方案的过程是什么？制订课程建设方案的过程是否被认为是高效的？哪些工作效果好，哪些方面需要改进？

外部要求（教育政策、行业企业、家长等）在哪里得到了很好的整合？在哪里可以改进，原因是什么？有哪些程序可以系统地收集相关影响因素以进一步发展方案？

3. 文化

利益相关者在多大程度上愿意参与课程方案制订？他们的信息水平如何？对参与制订课程建设方案的利益相关者有何期望？是否如预期发生？哪些价值观和行为模式对课程建设目标影响最大？哪些目标对内部利益相关者特别重要？

机构内的哪些群体与哪些目标特别相关？如果利益相关者之间发生冲突，会发生什么？机构内的一些利益相关者拒绝了哪些目标？在内部利益相关者之间讨论机构质量目标的不同意见存在哪些可能性？

（二）质量生成系统

1. 机构

在实施过程中，对课程建设方案进行了哪些方面的修改，修改的原因是什么？

课程交付过程中，在文化环境、组织结构、物资和人力资源方面有哪些优势？有哪些劣势？

2. 程序

涉及项目化课程、实践教学、毕业实习、毕业设计等，哪些交付环节程序运作良好？哪些过程需要负责人特别注意，原因是什么？改变或改善的刺激来自哪里？如何将它们输入系统？如何处理这些刺激？

3. 文化

在课程交付过程中，不同机构或部门之间的协作是如何工作的？是否存在典型的冲突，如何处理？

参与课程建设的所有利益相关者是否提供了预期的投入？如果没有达到预期，原因是什么？

（三）资源建设系统

1. 机构

哪些因素特别有助于实现资金、师资、实践教学条件以及教材、信息化教学资源、课程标准等课程资源建设的质量目标？典型的困难是什么，如何处理？

2. 程序

涉及教学的资金、物资和人力资源的分配和管理，是否符合课程建设的需要？如何整合外部（法律和经济）要求？

改变或改善的刺激来自哪里？如何将它们输入系统？如何处理这些刺激？基于这些刺激计划或将要进行哪些改变？

3. 文化

课程团队人员如何参与教学管理？所有成员是否充分了解学校物资和财政资源的规定？在资源使用方面，哪些价值观和方法得到了相关人员的支持？避免滥用或浪费资源的指导原则和规定是什么？受其影响的人是否接受既定的规则和准则？如何处理冲突？

（四）支持服务系统

1. 校外机构的支持作用

（1）机构

获得政府机构、行业企业、研究机构等校外机构支持的指导原则和规则是什么？以上校外机构对学校课程建设支持的哪些要素效果良好？哪些方面可以改进？

（2）程序

校外机构是如何参与课程建设方案的设计、开发和实施及其质量保证工作的？改变或改善的刺激来自哪里？如何将它们输入系统？如何处理这些刺激？

（3）文化

在课程建设和管理过程中，哪些价值观和方法对在质量保证的同时提供教育服务有良好效果？人们期望什么样的态度和行为？它们是如何产生和发展的？受其影响的人是否接受既定的规则和准则？如何处理冲突？

2. 校内行政部门的支持作用

（1）机构

与课程有关的行政部门的作用和职能的指导原则和规则是什么？学校行政单位对课程改革支持的哪些要素效果良好？哪些方面可以改进？

为了有效地支持教学质量目标，管理层面临的典型挑战是什么，如何应对这些挑战？

（2）程序

校内机构是如何参与课程建设方案的设计、开发和实施及其质量保证工作的？改变或改善的刺激来自哪里？如何将它们输入系统？如何处理这些刺激？

（3）文化

在课程建设和管理过程中，哪些价值观和方法对在质量保证的同时提供教育服务有良好效果？人们期望什么样的态度和行为？它们是如何产生和发展的？受其影响的人是否接受既定的规则和准则？如何处理冲突？

3. 校内研究机构、学术团体的支持作用

（1）机构

与课程有关的研究机构、学术团体的作用是什么？研究机构、学术团体对课程改革支持的哪些要素效果良好？哪些方面可以改进？

（2）程序

校内研究机构、学术团体是如何参与课程建设方案的设计、开发和实施及其质量保证工作的？改变或改善的刺激来自哪里？如何将它们输入系统？如何处理这些刺激？

（3）文化

在课程建设和管理过程中，哪些价值观和方法对在质量保证的同时提供教育服务有良好效果？人们期望什么样的态度和行为？它们是如何产生和发展的？

受其影响的人是否接受既定的规则和准则？如何处理冲突？

4. 对学生的支持作用

（1）机构

为学生提供的援助和支持服务的哪些要素是成功的？需要进行哪些更改？需要克服的典型挑战是什么？

物质和人力资源是否足以执行预期的援助和支持服务？这是如何核实的？

（2）程序

提供援助和支持的过程是如何工作的？哪些流程被认为运行良好，哪些流程需要改进？

参与援助和支持的机构成员是否有足够的信息和资源？援助和支持的目标群体是否按计划实现？这是如何核实的？改变或改善的刺激来自哪里？如何将它们输入系统？如何处理这些刺激？

（3）文化

目标群体是否使用了所提供的援助和支持？如果没有，为什么？个别目标群体对所提供的援助和支持的满意度如何？

（五）监督控制系统

1. 机构

制定的绩效考核标准在保证课程建设方面存在什么优势？存在什么问题，如何改进？

对相关利益团体进行了哪些调研？这些调研对推进教学内容、教材、教法改革有什么优势？

2. 程序

质量监控使用的方法在反映存在的问题或优势方面的优势是什么？劣势是什么，如何改进？哪些程序运作良好？哪一个可以被认为是好的做法？哪些程序需要相关负责人特别注意，原因是什么？改变或改善的刺激来自哪里？如何将它们输入系统？如何处理这些刺激？

3. 文化

内部利益相关者的哪些典型价值观和行为模式对课程改革工作具有积极的影响？

哪些利益相关者团体特别支持开展课程质量保证工作？哪些群体参与较少？参与程度高或低的原因是什么？

导致课程质量保证管理体系结构、程序、标准发生变化的典型情况是什么？谁参与了这些变化？

九、个人层面

（一）决策指挥系统

根据相关标准、学校发展规划制订个人职业（能力）发展计划。在制订计划过程中遇到什么困难，如何解决？

（二）质量生成系统

在执行计划的过程，遇到过什么阻碍，如何克服？

（三）资源建设系统

在实现目标或者执行计划的过程中，需要哪些资源，如何得到？

（四）支持服务系统

在实现目标或者执行计划的过程中，需要得到哪些支持，如何得到？

（五）监督控制系统

下一步准备对目标或者计划做哪些更改，为什么？

十、信息管理

（一）信息平台建设

1. 决策指挥系统

（1）机构

在学校信息化管理上，存在哪些挑战，如何应对？哪个建设目标优先级高，哪个建设目标的优先级低，为什么？

信息平台基础设施建设与维护由哪些部门负责？有哪些职责？在不久的将来，计划对信息平台基础设施建设与维护和人员组成进行哪些改变，为什么？

信息平台的数据采集由哪些部门组成？有哪些职责？谁负责，谁参与，谁被告知？按照教育部《评估指导》等系列文件要求以及学校办学特色、标杆学校的经验，在基础数据、过程性数据、增值数据采集上存在哪些问题，如何改进？

（2）质量生成

制订信息平台基础设施建设与维护方案，制订数据采集点和程序方案的哪些程序（流程）运行良好？哪些程序需要责任方改进？是否计划对程序进行进一步的更改？如果是，为什么？

（3）文化

内部利益相关者的哪些典型价值观和行为模式对信息平台具有积极的影响？导致数据采集点和程序发生变化的典型情况是什么？谁参与了这些变化？哪些利益相关者团体特别支持信息平台？哪些群体参与较少？参与程度高或低的原因是什么？

2. 质量生成系统

（1）机构

在实施平台建设的过程中，在组织结构、资金、设备和人力资源方面有哪些优势？有哪些劣势？

在数据采集的过程中，在组织结构、资金、设备和人力资源方面有哪些优势？有哪些劣势，如何改进？

（2）程序

进行信息平台基础设施建设与维护时，采集数据的哪些程序和方法运行良好？哪些程序和方法需要责任方改进？是否计划对程序和方法进行进一步的更改？如果是，为什么？

（3）文化

在信息平台建设、维护和数据采集中，不同部门之间的协作是如何工作的？是否存在典型的冲突，如何处理？所有利益相关者是否提供了预期的投入？如果没有达到预期，原因是什么？

3. 资源建设系统

（1）机构

在信息平台建设和维护方面存在什么问题？资金、人员是否足够解决这些问题？如果不能，如何处理？

（2）程序

解决资金和人员问题的方法和程序，哪些运行良好？哪些需要改进，如何改进？

（3）文化

在资源使用方面，哪些价值观和方法得到了相关人员的支持？避免滥用或浪费资源的指导原则是什么？受其影响的人是否接受既定的规则和准则？如何处理冲突？

4. 支持服务系统

（1）机构

在信息平台建设中，如何安排与其他单位和不同内部部门之间的合作？在内部或外部合作的情况下，哪些是有效的，哪些方面可以改进？这种项目合作通常是如何形成的？

（2）程序

哪些因素对合作的顺利组织和实施至关重要？改变或改善的刺激来自哪里？如何将它们输入系统？如何处理这些刺激？

（3）文化

信息平台建设的内部和外部合作有哪些原则？现有的规则和标准是否为受其影响的人所接受？如何处理冲突？在合作方面有哪些挑战？

5. 监督控制系统

（1）机构

制定的绩效考核指标在促进信息平台按照学校建设规划完成方面，如何进一步改进？

制定的绩效考核目标在促进信息平台建设人员、数据采集人员、学校高层管理人员、质量保证部门人员沟通方面，起到什么促进作用？如何进一步改进？

（2）程序

质量监控使用了哪些方法？在反映问题的全面性、深刻性上优势是什么？劣势是什么，如何改进？

哪些程序运作良好？哪些程序需要相关负责人特别注意，原因是什么？

改变或改善的刺激来自哪里？如何将它们输入系统？如何处理这些刺激？

（3）文化

内部利益相关者的哪些典型价值观和行为模式对信息平台建设具有积极的影响？

哪些利益相关者团体特别支持信息平台建设？哪些群体参与较少？参与程度高或低的原因是什么？

制定的相关绩效考核标准是否被相关利益者接受？如何改进？

（二）教学管理制度

1. 机构

为本科职业教学制定提供了哪些规章制度？如何获取？

学校的哪些部门负责？哪些规章制度科学性、实用性强，哪些需要继续改进？

2. 程序

与教学相关的文件是如何制定的？它们是如何发布和更新的？相关部门如何将外部（如法律）要求整合到流程中？拟定规则草案、更新和传播方面的典型挑战是什么，如何处理？改变或改善的刺激来自哪里？如何将它们输入系统？如何处理这些刺激？

3. 文化

学校教职员工和学生，是否充分了解相关的规则和条例？这些规则是否受到各成员的认可？这些规则对所有利益相关者来说都是透明和可理解的吗？

（三）文件

1. 机构

文件、文件管理和信息归档系统是如何工作的？典型的困难是什么，如何处理？

2. 程序

有关教学的文件记录和归档过程是否按预期工作？典型的挑战是什么，如何应对？按外部要求（如披露义务和自愿公布）和学校透明度管理要求，相关公布文件如何嵌入内部流程？改变或改善的刺激来自哪里？如何将它们输入系统？如何处理这些刺激？

3. 文化

学生和教职员工，是否充分了解教育政策、学校制度？

在内部和外部政策信息方面，以及在实现质量目标和改进方面，学校希望学生和教职员工采取哪些态度和行为？这些期望是否被学校内不同的利益相关者群体所接受？

第五章　数据在本科层次职业院校内部质量保证中的应用

随着信息技术的发展，数据作为一种新型驱动力和技术方法，已经成为学校决策科学化、治理精准化的重要工具。数据的真实采集、科学分析与有效应用，是开展现状分析及对策研究的根本，在学校推进内部质量保证体系建设工作中起着基础性保障作用。

第一节　数据的应用

一、数据支撑学校治理的决策依据

在数据支撑下，学校各级管理者在目标的规划、标准的开发、方案的制订、质量的管控等领域有了直接助力和客观依据。每年定期采集的人才培养工作状态数据，已是各级教育行政部门和职业院校本身全面及时掌握人才培养工作状态、分析教学运行状况、发布年度质量报告、改进日常管理的重要依据和基础。即时性采集的课堂教学数据，借助现代大数据分析平台，在学校、院系、教师、学生等层面进行数据统计、管理、分析、预警，进而推进教务管理、学情分析、质量评估等工作，已成为教学诊断与改进的重要方式。数据的支撑作用还体现在重新审定人才培养目标、优化专业培养方案、调整课程教学内容等诸多具体工作实践中，是推进学校治理全方位整体优化的关键。

二、数据是资源配置的实施指南

数据的导向作用在于为学校有限资源的配置提供了更加科学的实施指南。在实训条件建设方面，在校生数、专业校内实训室数、生均校内实践教学工位数、人才培养目标与职业岗位能力需求的契合度等数据是年度实训设备购置计划的指南。在师资建设方面，年龄结构、职称结构、学缘结构等数据是制订教师个性化能力提升计划、进行学习资源配置的基准。在学生服务方面，学生工作满意度、生活服务满意度、心理服务满意度、就业现状满意度、创新创业指导满意度等数据不仅是服务育人的预警器，更是进一步优化资源配置的风向标。在专业招生方面，专业师资、教学资源，特别是区域内专业面向的岗位及岗位群人才需求量变化趋势等数据是专业招生计划动态调整的重要参考。

三、数据是教学改革的推进引擎

数据资源是教学改革的新型动力源。涉及管理行为、教学行为、学习行为的数据多为非结构化隐性的数据，传统教学手段无法有效利用。但随着移动终端的普及、云服务的发展、数据分析技术的进步，隐藏在课堂教学运行中的"黑匣子"逐渐被破解，数据的价值被进一步唤醒，教学大数据应用工具已经能够实现教育过程从非量化到可量化、教学管理从不可见到可视化、教育决策从经验化到数据化的转变。信息技术的变革促使数据成为教学改革新的推进引擎，正在推动教学改革从"行政驱动"向"数据驱动"转变。当前，本科层次职业教育面对的对象，虽然个体存在差异，但群体存在着诸多共性。学生从入学到毕业，从理论学习到技能操作，从实习到就业，其间产生的数据呈现出周期循环的特征——上届学生在某一阶段呈现出的共同特征，大概率重复发生在下届学生身上。例如，学生对某一课程教学的参与度、对同一知识点的掌握率、对同一技能操作熟练度、对教材的满意度、对课程的教学评价等，都呈现出较高的一致性。有了这样具体的数据分析结果，教师在确定教学目标、整合教学内容、优化教学设计、分配课程学时、运用辅助技术、把控讲课节奏、选取考核方式等方面尝试改革，就有了正确的驱动方向和精准的施策尺度。

第二节 内部质量保证的数据指标体系

一、数据指标体系设定的原则

本科层次职业院校数据采集一是要遵循全面性原则，内部质量保证体系建设是本科层次职业院校履行质量保证主体职责的全面复杂工程，涉及学校方方面面，故采集的数据要最大限度体现全面性，能够支撑教育部印发的《本科层次职业学校本科教学工作合格评估指标和基本要求（试行）》；二是要遵循真实性原则，数据是进行定性分析和定量分析的基本支撑，其真实性不仅直接关系到分析结果的客观性和准确性，更影响到内部质量保证体系建设的成效。这就要求采集的数据一定要准确，能够真实反映学校人才培养机制的运行状态；三是要遵循动态性原则，体现学校办学质量的要素有静态数据和动态数据，相比不随时间而改变的静态数据，对于内部质量保证体系建设而言，动态数据的采集、分析与应用更具参考的价值，因此设定的具体指标绝大多数要具备动态性特点。

二、数据指标体系设定应注意的问题

一是大学在问责制下对绩效协议的强烈关注很容易强调定量数据，这种对定量指标的强调，倾向于对大学的质量状况给出一种简化的观点。这可能会将战略规划简化为仅仅制定绩效协议，而将评估简化为仅仅根据量化指标衡量"分数"。

二是由于绩效协议中包含了大量的目标和指标，大学的战略优先事项在某种程度上被许多指标"抹平"，这些指标都被赋予了相同的"权重"。本科层次职业技术大学应考虑选择几个战略目标，并在战略目标周围建立更复杂的指标（包括定性指标）。

三是质量体系产生的定量信息在很大程度上基于一个完善的平台登记。这些数据对于内部战略管理以及提交外部报告至关重要。但是，为了使内部质量保证体系能够更好地促进质量提升，需要对定量信息进行补充和定性开发/解释，这将要求该平台提供更多定期讨论和分析的"场所"，从而形成简短的分析报告。

三、数据采集点

本研究所设定的指标体系及数据采集点，包括学校层面、质量保证、教育研究、技术开发和职业培训、国际合作、师资队伍、专业、课程、个人9个一级指标（见表5-1所示）。

表5-1 本科层次职业技术大学数据采集点

平台指标	定量	定性
学校层面	生均财政拨款、生均实习经费补贴、生均实习责任保险补贴、生均助学金、年度专项建设经费、教职员工总数、生师比、副高以上教师占比、"双师"素质教师占比、生均教科研仪器设备值、生均校内实践教学工位数、生均实验实训面积、生均图书数、校园网主干最大带宽专业数、在校生数、非学历培训人数、横向技术服务到款额、纵向科研经费到款额、技术交易到款额	章程对高层次职业教育、学校办学特色的体现程度，党政领导、校内团队、校外合作机构对高层次职业教育的支持程度，年度财务报告，年度办学质量报告
质量保证	教学督导落实率、教学事故发生率	校内外不同团体对质量保证工作的支持程度，教学督导报告
教育研究	课题等级及数量、论文等级及数量、专著数量、教师在国内外论坛发言情况	教育研究对教学、办学特色等支持程度，对国内教学改革产生实质影响情况

续表

平台指标	定量	定性
技术开发和职业培训	职业培训开展项目及人数，横向课题到款额	技术成果对学科、行业企业发展产生实质影响报告，技术成果向教学转化程度、对办学特色的支持程度，创新平台建设报告
国际合作	国际合作项目数	国际合作项目对办学特色的支持程度
师资队伍	信息技术等级证书获取率、教师培训及下厂锻炼的参与度、教师个人承担科研课题数、教师个人技术服务到款额、教师创新项目参与度、教师研究成果转化比例、发表论文等级及数量	教师职业能力分析报告、师资规划目标达成度报告、年度教师面谈情况报告、年度师资队伍建设总结
专业	专业教学标准制定率、理论教学与实践教学学时比、专业面向的岗位及岗位群人才需求量、高水平教资数量、专业合作优质企业数、企业提供的兼职教师数、企业提供的校内实践教学设备值、合作企业接收顶岗实习学生数、合作企业接收就业毕业生数、现代学徒制培养学生数、专业校内实训室数、校外实训基地数、实训项目数及开出率、精品课程数、线上课程数、专业教学资源库资源数、X证书获取率、技能大赛获奖人数、毕业生进入500强企业人数、月收入、用人企业满意度	专业对区域数智化发展支撑情况、人才培养目标对学校特色的支持情况、人才培养目标与职业岗位能力需求的契合度、人才培养目标达成度、高层次现代学徒制情况、"岗课赛证"育人情况、年度专业建设总结
课程	课程学时数、课程理实比、课程教学内容与人才培养目标匹配度、课程标准落地率、微课时长占总学时比例、课件数占课时比例、学生对教材的满意度、学生对图书馆教辅资料的满意度、学生到课率、学习态度良好率、课堂教学学生参与度、知识点掌握率、课后作业完成率、企业兼职教师专业课课时占比、学生技能操作熟练度、课程考核达标率、课程教学目标达成度、教学评价良好率	新材料、新技术、新工艺在课程中的融合情况，项目化课程情况，年度的课程建设总结
个人	个人发展计划与学校签约率	—

第三节 数据采集的方式

一、定期采集

涉及学校办学质量及校内教学运行状态的一部分基础数据，可结合"高等教育质量监测国家数据平台",按照教育部要求的时间节点,进行定期采集。对于一些校内不便统计但又必须掌握的重要数据,如客观反映育人质量的学生就业现状满意度、毕业生的月收入、毕业三年晋升比例、用人企业满意度、教师基本教学能力胜任比例、教师对教学环境的满意度等,可聘请第三方公司,定期开展第三方调查并出具相关报告。

二、即时性采集

依托教务管理系统、学生管理系统等校内信息化管理平台,涉及教学与学生管理的常规数据可实现即时性采集,如课程考核达标率、教学评价良好率、社团活动参与率、学生工作满意度、心理服务满意度等。对于一些记录课堂教学过程的数据,如知识点掌握率、课堂教学学生参与度、课后作业完成率、学生到课率、即时教学评价等,因数据源头分布广、体量庞大等特点,采用传统手段进行统计分析难度较大。但随着移动信息化技术的发展,教学质量管理平台等教学辅助平台如雨后春笋般更替,为即时数据的采集提供了可行便捷的渠道。

三、专家评估

一些影响办学质量的重要指标数据可通过专家评估的方式采集,如人才培养目标与职业岗位能力需求的契合度、课程教学内容与人才培养目标的匹配度、课程教学目标的达成度等。这些指标无法通过传统方式和信息化手段进行量化,第三方调查的数据往往也不能反映真实状况时,就需要针对这些指标,在校内组织专家会诊,通过实地考察、抽样检查、对比分析等综合手段,最终以量化分数的形式呈现出专家的意见。

参考文献

[1] 刘欣，马东岳，李梅松.本科层次职业院校内部质量保证体系建设研究[J].现代职业教育，2021（42）：102-103.

[2] 方泽强.本科层次职业教育的人才培养目标及现实问题[J].职业技术教育，2019，40（34）：6-11.

[3] 袁洪志.高等职业院校内部质量保证体系建立与运行实务[M].南京：南京大学出版社，2017.

[4] 邓肖丽.职业本科实践教学体系研究与实践[J].教育教学论坛，2020（52）：221-222.

[5] 魏开伟.职业能力培养视角下的应用型本科实践教学体系创建研究[J].鄂州大学学报，2019，26（3）：90-92.

[6] 齐跃丽.本科职业大学实践教学质量保障体系研究——以X职业大学为例[D].西安：陕西师范大学，2021.

[7] 刘文华.应用技术本科教育课程模式研究[D].上海：华东师范大学，2017.

[8] 马燕.我国本科层次职业教育发展研究[D].天津：天津大学，2015.

后　记

本书是提质培优建设济南职业教育创新发展高地理论实践研究课题《本科层次职业大学教学质量治理体系研究》（批准号 ZJGD2020202）研究成果。吴梦军教授、李章泉教授、胡小林教授、初福民教授、吴倩教授为本项目给予了多方指导与大力支持，一并致谢。

由于水平所限，在该课题的研究与书稿的写作中还有许多不尽成熟与完善之处，敬请各位方家予以指证。